U0097894

賞花宜對佳人，
醉月宜對韻人，
映雪宜對高人。

幽夢影

張潮　撰著

前言

《幽夢影》是清代初期文學家張潮的一部以文藝格言為主的筆記隨感小品集。它收錄了作者所創編的格言、箴言、哲言、清言、韻語、警句、語錄二百一十九則，內容相當豐富，行文灑脫輕妙，天地人獸、花鳥草蟲、風雲雨露、山光水色，無不信筆寫來，吟誦書畫、談吐友情，無所滯礙。作者是當時的進步文人，他以《幽夢影》為題，取其如幽人夢境，似幻如影之意，並蘊涵著破人夢境，發人警醒的用心。作者無拘無束，盡情地抒發對人生、自然的感觸，有不平、有諷刺、有攻擊，鞭撻了社會的醜惡現象，也在一定程度上揭露和批判了偽道學。更值得一提的是，作者以大量簡練而鮮明的筆觸，熱情地謳歌大自然和種種美好的事物。作者筆下的生活是高度藝術化的生活，充滿了美感和情趣。這反映了作者對自然和生活的熱愛，對個人欲望的追求。這一思想，在當時無疑是積極而進步的。

《幽夢影》以其深邃超脫的思想、清新明快的風格、美妙雋永的意境、明麗潔淨的文字，在當時的知識分子當中激起了強烈的共鳴和反響。有人說它是「快書」、「趣書」，有人認為它「所發者皆未發之論，所言者皆難言之情」，給予了相當高的評價。著名文學家余懷為其作序，王晫為其題辭，黃周星、張竹坡等一百四十多個文人寫了五百五十餘則評語。其後又引出了一些仿效之作，其中較具影響的有朱錫綬（弇山草衣）的《幽夢續影》，清末文學家鄒弢《三借廬筆談》卷三擇《幽夢影》「言之尤當者」數十則。現代文學家林語堂先生在《生活的藝術》中指出：「這一類的集子（指文藝格言集）在中國很多，可是沒有一部可和張潮自己所寫的比擬。」因此我們認為整理出版《幽夢影》，仍有一定的認識價值和審美價值。

本書作者張潮，字山來，號心齋，新安（今安徽歙縣）人。生於清順治七年（一六五〇年），卒年不詳。

他的父親張習孔擔任過刑部郎中、山東督學僉事。張習孔和當時的著名文學家周亮工交情很深，著有《詒清堂集》、《雲谷臥餘》等。

張潮出生在這樣一個書香門第，自幼刻苦習文，學業長進很快。但由於他在文學上主張創新，對八股文和科舉制度有所不滿，因此始終科場不利。康熙初期，他以歲貢擔任翰林院孔目。康熙三十八年（一六九九年），他四十九歲，受一事件牽連，陷入困境，更遭「中山狼」誣陷，備受冤屈。這次事件對他打擊很大，從此身體日見衰弱，不再有新作問世。晚年事蹟已不可考。

張潮一生著述頗豐，其主要作品有《心齋詩抄》、《心斋聊復集》、《酒律》、《玩月約》、《貧卦》、《花鳥春秋》、《花影詞》、《幽夢影》等，並輯有文言短篇小說集《虞初新志》，在社會上影響頗大。他還以刊刻叢書，為當時所知，比如他主持編輯並刊印了《昭代叢書》和《檀几叢書》。

張潮性情曠達，交遊甚廣。與他交往密切的前輩文人有黃周星、冒襄、余懷等，同輩友人有孔尚任、王晫等，晚輩有張竹坡。

還需要提到的是，張潮非常敬慕明代袁宏道、陳繼儒、湯顯祖、屠隆等人。明末清初的這些作家文人文藝主張、文學創作的積極面，對張潮的思想發展和文學活動起到一定的推動作用。晚明小品散文與盛，這類作品題材廣闊、風格清新、文字流利，信筆直書，縱情山水，抒發性靈。《幽夢影》繼承了這些特點並有所創新。

關於《幽夢影》的寫作時間，很難確定。本書二十則，張迂庵評語：「此當是先生辛未年（一六九一年）以前語。」又一七七則，陸雲士評語：余慕心齋者十年，今戊寅（一六九八年）之冬始得一面。」據此，我們認為，《幽夢影》寫成時間不晚於一六九八年，估計是張潮在四十八歲前斷斷續續寫成。

本書每則正文之後，一般都附有若干條評語，這些評語既有文意的疏通，又有觀點、意境的進一步發揮，片言隻語，亦莊亦諧，生動活潑，頗具趣味，與正文起到相得益彰的作用。為本書撰寫評語的文人達一四〇多人，共寫五五〇餘則。其中較著名的文人有黃周星、冒襄、張竹坡等。更多的人，事蹟已不可考。

《幽夢影》有一卷本和二卷本，為《昭代叢書》、《晨風閣叢書》、《嘯園叢書》等叢書所收錄，並有清代刊本二卷。一九三三年有正書局出版節抄本，一九三五年中央書店出版鉛印本，以後即不曾再版。日本於昭和五十二年，明德出版社把《幽夢影》列入《中國古典新書》，出版了合山究先生的翻譯注釋本。這次整理，用《昭代叢書》本（一卷本）作為底本，與清刊本進行了對校，並參考了中央書店一九三五年版的本子。為保持原書面貌，原評語均予以保留，仍附在每則正文之後。清刊本中收錄，《昭代叢書》本中沒有的評語，一般不再補入，少量選入者均予注明。原書跋及王晫的題辭、朱錫綬的《幽夢續影》附錄於書後。

本書中的典章制度、名物典故、宗教詞語及個別難解詞語，一般都做了注釋。異體字及個別錯字徑改為正體字或正字，不再注明。

目錄

幽夢影

1 讀經宜冬，其神專也；讀史宜夏，其時久也；讀諸子宜秋，其致別也；讀諸集宜春，其機暢也。

【評　語】

曹秋岳曰：「可想見其南面百城❶時。」

龐筆奴曰：「讀《幽夢影》，則春夏秋冬，無時不宜。」

【注　釋】

❶南面百城：本指統治者轄地廣、權勢大。南面，地位崇高；百城，地面廣大。《魏書・李謐傳》：「每曰：『丈夫擁書萬卷，何假南面百城？』」後稱藏書豐富。也作「坐擁百城」。

2 經傳宜獨坐讀，史鑑宜與友共讀。

【評語】

孫愷似曰：「深得此中真趣，固難為不知者道。」

王景州曰：「如無好友，即紅友❶亦可。」

【注釋】

❶紅友：酒的別稱。宋代羅大經《鶴林玉露》卷八：「常州宜興縣黃土村，東坡南遷北歸，嘗與單秀才步田至其地。地主攜酒來餉，曰：『此紅友也。』」

3 無善無惡是聖人（如「帝力何有于我」❶、「殺之而不怨，利之而不康」❷、「以直報怨，以德報德」❸、「一介不與，一介不取」❹之類），善多惡少是賢者（如「顏子不貳過」❺、「有不善，未嘗不知」❻、「子路，人告有過，則喜」❼之類），善少惡多是庸人，有惡無善是小人（其偶為善處，亦必有所為），有善

無惡是仙佛（其所謂善，亦非吾儒之所謂善也）。

【評語】

黃九煙曰：「今人一介不與者甚多。普天之下皆半邊聖人也。利之不庸者亦復不少。」

江含徵曰：「先惡後善是回頭人，先善後惡是兩截人。」

殷日戒曰：「貌善而心惡者是姦人，亦當分別。」

冒青若曰：「昔人云：『善可為而不可為。』康解元❽詩云：『善亦懶為何況惡，當於有無多少中。』更進一層。」

【注釋】

❶「帝力」句：一作「帝何力于我哉？」見《擊壤歌》。相傳唐堯時有老人擊壤而唱此歌，詞云：「吾日出而作，日入而息；鑿井而飲，耕田而食。帝力何有于我哉？」

❷「殺之」句：見《孟子・盡心上》。庸，酬庸、酬勞。

❸「以直」句：見《論語・憲問》。直，公平正直。

❹「一介」句：原文為「一介不以與人，一介不以取諸人。」見《孟子・萬章上》。一個，一點點（小東西）。

❺「顏子」句：原文為：「有顏回者好學，不遷怒，不貳過。」見《論語・雍也》。

❻「有不善」句：全句為：「有不善，未嘗不知，知之未嘗復行也。」見《周易・繫詞下》。不善，指過失。

❼「子路」句：原文為：「子路，人告之以有過，則喜。」見《孟子・公孫丑上》。

❽唐解元：即唐寅。明代畫家、文學家。

4 天下有一人知己，可以不恨。不獨人也，物亦有之。如菊以淵明為知己❶，梅以和靖為知己❷，竹以子猷為知己❸，蓮以濂溪為知己❹，桃以避秦人為知己❺，杏以董奉為知己❻，石以米顛為知己❼，荔枝以太真為知己❽，茶以盧仝、陸羽為知己❾，香草以靈均為知己❿，蒓鱸以季鷹為知己⓫，蕉以懷素為知己⓬，瓜以邵平為知己⓭，雞以處宗為知己⓮，鵝以右軍為知己⓯，鼓以禰衡為知己⓰，琵琶以明妃為知己⓱。一與之訂，千秋不移。若松之於秦始⓲，鶴之於衛懿⓳，正所謂不可與作緣者⓴也。

【評語】

查二瞻曰：「此非松、鶴有求於秦始、衛懿，不幸為其所近，欲避之而不能耳。」

殷日戒曰：「二君究非知松、鶴者，然亦無損其為松、鶴。」

周星遠曰：「鶴於衛懿猶當感恩，至呂政㉑五大夫㉒之爵，直是唐突十八公㉓耳。」

王名友曰：「松遇封、鶴乘軒，還是知己。世間尚有斸（ㄓㄨˊ）㉔松煮鶴者，此又秦、衛之罪人也。」

張竹坡曰：「人中無知己而下求於物，是物幸而人不幸矣；物不遇知己而濫用於人，是人快而物不快矣。可見知己之難。知其難，方能知其樂。」

【注釋】

❶「菊以淵明」句：淵明，即陶淵明。其詩多詠菊之句。如《飲酒二十首》之五云：「采菊東籬下，悠然見南山。」

❷「梅以和靖」句：和靖，即林逋（ㄅㄨ）。北宋詩人。隱居西湖孤山，賞梅養鶴，終身不仕也不婚娶，人稱其「梅妻鶴子」。

❸「竹以子猷」句：王徽之，字子猷，東晉琅琊臨沂（今屬山東）人。王羲之之子。性傲不羈，尚清談，愛竹。南朝宋劉義慶《世說新語‧任誕》：「嘗暫寄人空宅住，便令種竹。或問：『暫住，何須爾？』王嘯詠良久，直指竹曰：『何可一日無此君。』」

❹「蓮以濂溪」句：濂溪，即周敦頤。北宋哲學家。築室廬山蓮花峰下小溪上，取其生地濂溪為名，後人遂稱之為「濂溪先生」。其文《愛蓮說》膾炙人口。

❺「桃以避秦人」句：陶淵明在《桃花源記》中塑造了一個幽美的世外桃源，桃花源村民過著自耕自食、富裕寧靜而又饒富情趣的生活。

❻「杏以董奉」句：董奉，三國吳侯官（今福建福州）人。善醫道。「奉居山不種田，日為人治病，亦不取錢。重病愈者，使栽杏五株，輕者一株。如此數年，計得十萬餘株，鬱然成林。」見晉代葛洪《神仙傳》卷六。

❼「石以米顛」句：米顛，即米芾。北宋書畫家。因舉止顛狂，違世異俗，人亦稱「米顛」。喜愛收藏金石古器，尤嗜好奇石。有「元章拜石」的說法。

❽「荔枝以太真」句：太真，即楊貴妃。初為壽王妃，後為女道士，號太真。入宮後得玄宗寵愛，封為貴妃。「妃嗜荔枝，必欲生致之。乃置騎傳送，走數千里，味未變，已至京師。」見《新唐書・楊貴妃傳》。

❾「茶以盧仝」句：盧仝，唐代詩人。他在《走筆謝孟諫議寄新茶》詩中寫道：「仁風暗結珠琲瓃，先春抽出黃金芽；摘鮮焙芳旋封里，至精至好且不奢……柴門反關無俗客，紗帽籠頭自煎吃。碧雲引風吹不斷，白花浮光凝碗面。一碗吻潤；兩碗破孤悶；三碗搜枯腸，唯有文字五千卷；四碗發輕汗，平生不出事，盡向毛孔散；五碗肌骨清；六碗通仙靈；七碗吃不得也，惟覺兩腋習習清風生。蓬萊山，在何處？玉川子，乘此清風欲歸去。」甘露之變，被宦官殺害。陸羽，唐代復州竟陵（今湖北天門）人。以嗜茶出名，對茶道很有研究，撰有《茶經》。後人稱他為「茶神」。

❿「香草以靈均」句：靈均，即屈原。他在《離騷》中寫道：「扈江離與辟芷兮，紉秋蘭以為佩。」「余既滋蘭之九畹兮，又樹蕙之百畝。畦留夷與揭車兮，雜杜衡與芳芷。」江離、芷、蘭、蕙、留夷、揭車、杜衡都是香草名。

⓫「蒓鱸以季鷹」句：季鷹，即張翰。西晉文學家。齊王司馬冏任命他為大司馬東曹掾。見政事混亂，知冏將敗，托辭秋風起，思念故鄉菰菜、蒓羹、鱸魚膾，辭官回吳。事見《晉書・文苑傳・張翰》。

⑫「蕉以懷素」句：懷素，唐代僧人，玄奘的弟子，書法家。廣植芭蕉萬餘株，以蕉葉代紙練字。字以狂草出名。相傳其禿筆積而成冢。

⑬「瓜以邵平」句：邵平，即召平。本為秦東陵侯。秦亡後，在長安城東種瓜，甘味甜美，時稱東陵瓜。見《史記・蕭相國世家》。

⑭「雞以處宗」句：處宗，宋處宗。晉代人。《藝文類聚》卷九十一引《幽明錄》：「晉兗州刺史沛國宋處宗嘗買得一長鳴雞，養愛甚至，恆籠著窗間。雞遂作人語，與處宗談論，極有言智，終日不輟。處宗因此言巧大進。

⑮「鵝以右軍」句：右軍，即王羲之。東晉書法家。官至右軍將軍，人稱王右軍。性愛鶴。「會稽有孤居姥養一鵝，善鳴，求市未能得，遂攜親友命駕就觀。姥聞羲之將至，烹以待之。羲之嘆息彌日。又山陰有一道士，養好鵝。羲之往觀焉，意甚悅，固求市之。道士云：『為寫《道德經》，當舉群相贈耳。』羲之欣然寫畢，籠鵝而歸，甚以為樂。」見《晉書・王羲之傳》。相傳浙江紹興東北蕺山戒珠寺前鵝池為王右軍養鵝處。

⑯「鼓以禰衡」句：禰衡，漢末文學家。少有才辯，而氣剛傲物。曹操「聞衡善擊鼓，乃召為鼓史，因大會賓客，閱試音節。諸史過者，皆令脫其故衣，更著岑牟單絞之服。次至衡，衡方為《漁陽》參撾，蹀躞而前，容態有異，聲節悲壯，聽者莫不慷慨。衡進至操前而止。吏訶之曰：『鼓史何不改裝，而輕敢進乎？』衡口：『諾。』於是先解衵衣，次釋餘服，裸身而立，徐取岑牟、單絞而著之。畢，復參撾而去，顏色不怍。操笑曰：『本欲辱衡，衡反辱孤。』」見《後漢書・文苑傳・禰衡》。

⑰「琵琶以明妃」句：明妃，即王昭君。字昭君。晉避司馬昭諱，改稱明君。後稱明妃。漢元帝時宮人。竟寧元年，遺嫁匈奴呼韓邪單于，以結和親。相傳她戎服乘馬，提琵琶出塞。在匈奴，她常彈琵琶以寄怨。

⓲松之於秦始：秦始，指秦始皇。二十八年，始皇「上泰山，立石，封，祠祀。下，風雨暴至，休於樹下，因封其樹為五大夫。」見《史記・秦始皇本紀》。《藝文類聚》卷八八應劭《漢官儀》說始皇所封的樹是松樹。

⓳鶴之於衛懿：衛懿，指衛懿公。春秋時代衛國國君，好鶴。《左傳・閔公二年》：「狄人伐衛。衛懿公好鶴，鶴有乘軒者。將戰，國人受甲者皆曰：『使鶴！鶴實有祿位，余焉能戰？』」《史記・衛康叔世家》張守節正義引《括地志》：「故鶴城在滑州匡城縣西南十五里……俗傳懿公養鶴於此城，因名也。」

⓴不可與作緣：南朝宋劉義慶《世說新語・方正》：「劉真長、王仲祖共行，日旰（ㄍㄢˋ）未食。有相識小人貽其餐，肴案甚盛。真長辭焉。仲祖曰：『聊以充虛，何苦辭？』真長曰：『小人都不可與作緣。』」

㉑呂政：即秦始皇。據傳其為呂不韋子，故稱。

㉒五大夫：爵位名。秦始皇上泰山，封松樹為五大夫，後來就以五大夫作為松樹的別名。

㉓南八公：松樹的別名，因松字可析成十八公。

㉔斸：大鋤。引伸為掘。

5 為月憂雲，為書憂蠹（ㄉㄨˋ），為花憂風雨，為才子佳人憂命薄，真是菩薩心腸。

【評語】

余淡心曰：「洵如君言，亦安有樂時耶？」

孫松坪曰：「所謂『君子有終身之憂』❶者耶。」

黃交三曰：「『為才子佳人憂命薄』一語，真令人淚濕青衫。」

張竹坡曰：「第四憂，恐命薄者消受不起。」

江含徵曰：「我讀此書時，不免為蟹憂霧。❷」

竹坡又曰：「江子此言，直是為自己憂蟹耳。」

尤悔庵曰：「杞人憂天、嫠婦憂國，❸無乃類是。」

【注釋】

❶「君子」句：見《孟子・離婁下》。

❷為蟹憂霧：元池《說林》：「明日大霧中，人見巨蟹死於道。至今大霧中蟹多僵者。」

❸嫠婦憂國：《左傳・昭公二十四年》：「嫠不恤其緯，而憂宗周之隕，為將及焉。」嫠，寡婦。緯，織布用的橫紗。後人用來比喻忘私懷國。

6 花不可以無蝶，山不可以無泉，石不可以無苔，水不可以無

藻，喬木不可以無藤蘿❶，人不可以無癖(ㄆㄧˇ)。

【評語】

黃石閭曰：「事到可傳皆具癖，正謂此耳。」

孫松坪曰：「和長輿❷卻未許借口。」

【注釋】

❶藤蘿：泛指蔓生植物。

❷和長輿：即和嶠(ㄐㄧㄠˋ)。字長輿。西晉汝南西平（今河南西平）人。他「家產豐富，擬於王者。然性至吝，以是獲譏於世。杜預以為嶠有錢癖。」見《晉書・和嶠傳》。

7 春聽鳥聲，夏聽蟬聲，秋聽蟲聲，冬聽雪聲，白晝聽棋聲，月下聽簫聲，山中聽松風聲，水際聽欸(ㄞˇ)乃❶聲，方不虛生此耳。若惡少斥辱、悍妻詬(ㄍㄡˋ)誶(ㄙㄨㄟˋ)❷，真不若耳聾也。

【評　語】

黃仙裳曰：「此諸種聲頗易得，在人能領略耳。」

朱菊山曰：「山老❸所居，乃城市、山林，故其言如此。若我輩日在廣陵❹城市中，求一鳥聲，不啻如鳳凰之鳴，顧可易言耶？」

釋中洲曰：「昔文殊❺選二十五位圓通❻，以普門❼耳根❽為第一。今心齋居士耳根不減普門，吾他日選圓通，自當以心齋為第一矣。」

張竹坡曰：「久客者欲聽兒輩讀書聲，了不可得。」

張迂庵曰：「可見對惡少、悍妻，尚不若日與禽蟲周旋也。」又曰：「讀此方知先生耳聾之妙。」

【注　釋】

❶欸乃：搖櫓聲。

❷詬誶：辱罵。

❸山老：張潮字山來，故稱。

❹廣陵：古地名，治所在今江蘇揚州。

❺文殊：佛教菩薩名。釋迦牟尼佛的左脇侍，專司「智慧」，與司「理」的右脇侍普賢並稱。

❻圓通：佛教語。圓，無偏缺；通，無阻礙。《楞嚴經》記載，楞嚴會上有二十五位大士，按照佛的提問，陳說圓

通法門，由文殊評判。以為音響為圓通之門，乃至耳根為圓通之門。最後以觀世音的耳根圓通為第一，故亦稱觀世音為圓通大士。

❼普門：指佛、菩薩神通的力量無所阻礙，並能顯現種種身形，圓通一切眾生。佛經說，觀世音為廣化眾生，示現種種形象，稱為「普門示現」。

❽耳根：六根之一。佛教以眼、耳、鼻、舌、身、意為六根。根是「六生」的意思。因眼、耳等對於色境、聲境等能生起感覺，故稱為「根」。

8

上元須酌豪友❶，端午須酌麗友❷，七夕須酌韻友❸，中秋須酌淡友❹，重九須酌逸友❺。

【評語】

朱菊山曰：「我於諸友中，當何屬耶？」

王武徵曰：「君當在豪與韻之間耳。」

王名友曰：「維揚❻麗友多，豪友少，韻友更少。至於淡友、逸友，則削跡矣。」

張竹坡曰：「諸友易得，發心❼酌之者為難能耳。」

顧天石曰：「除夕須酌不得意之友。」

徐硯谷曰：「惟我則無時不可酌耳。」

尤謹庸曰：「上元酌燈，端午酌彩絲❽，七夕酌雙星❾，中秋酌月，重九酌菊❿，則吾友俱備矣。」

【注釋】

❶豪友：指性情豪放的朋友。

❷麗友：指眉目清秀的朋友。

❸韻友：指風度高雅的朋友。

❹淡友：指淡泊恬靜的朋友。

❺逸友：指恬逸超俗的朋友。

❻維揚：古代揚州的別稱。

❼發心：心意發動。

❽彩絲：彩色絲帶。舊時端午節結於項間。劉侗(ㄊㄨㄥˊ)、于奕正《帝京景物略・春場》：「（五月）五日……項各彩繫，垂金錫，若錢者，若鎖者，曰端午索。」

❾雙星：指牛郎星和織女星。

❿重九酌菊：重九時節正逢菊花盛開，可以飲酒賞菊。陶潛《九日閒居詩序》：「余閒居愛重九之名，秋菊盈園，

而持醪（ㄌㄠˊ）醾由。」醪，酒。

9 鱗蟲中金魚，羽蟲中紫燕❶，可云物類神仙。正如東方曼倩避世金馬門❷，人不得而害之。

【評語】

江含徵曰：「金魚之所以免湯鑊（ㄏㄨㄛˋ）者，以其色勝而味苦耳。昔人有以重價覓奇特者，以饋邑侯。邑侯他日謂之曰：『賢所贈花魚，殊無味。』蓋已烹之矣。世豈少削圓方竹杖❸者哉？」

【注釋】

❶紫燕：燕的一種，多在屋檐下築窩。宋代羅願《爾雅翼‧釋鳥》：「越燕小而多聲，頷下紫，巢於門楣上，謂之紫燕，亦謂之漢燕。」

❷東方曼倩避世金馬門：東方曼倩，即東方朔。西漢文學家。漢武帝時待詔金馬門，官至太中大夫。以奇計俳辭得親近武帝。性詼諧滑稽。《史記‧滑稽列傳》：東方朔「對坐席中。酒酣，據地歌曰：『陸沉於俗，避世金馬門。宮殿中可以避世全身，何必深山之中，蒿（ㄏㄠ）廬之下。』金門馬者，宦（者）署門也。門傍有銅馬，故謂之曰『金馬門』。」

❸削圓方竹杖：唐代馮翊《桂苑叢談》載：唐代李德裕曾以方竹贈給甘露寺老僧，老僧竟把它削圓並油漆。後用以譏笑庸俗不解事的人。

10 入世須學東方曼倩，出世❶須學佛印了元❷。

【評語】

江含徵曰：「武帝❸高明喜殺，而曼倩能免於死者，亦全賴吃了長生酒耳。」

殷日戒曰：「曼倩詩有云：『依隱玩世，詭時不逢。』❹此其所以免死也。」

石天外曰：「入得世然後出得世，入世出世打成一片，方有得心應手處。」

【注釋】

❶出世：出家，擺脫人世的束縛。

❷佛印了元：宋代僧人。名了元，號佛印，字覺老。與蘇軾、黃庭堅相善，能詩。

❸武帝：西漢武帝。即劉徹。

❹「依隱」句：全詩為：「首陽為拙，柱下為工；飽食安步，以仕易農；依隱玩世，詭時不逢。」見《漢書・東方朔傳》。

11 賞花宜對佳人，醉月宜對韻人❶，映雪宜對高人❷。

【評　語】

余淡心曰：「花即佳人，月即韻人，雪即高人。既已賞花、醉月、映雪，即與對佳人、韻人、高人無異也。」

江含徵曰：「『若對此君仍大嚼，世間那有揚州鶴。』❸」

張竹坡曰：「聚花月雪於一時，合佳韻高為一人，吾當不賞而心醉矣。」

【注　釋】

❶韻人：指風度高雅的人。

❷高人：指超脫世俗的人。

❸「若對」句：見蘇軾《於潛僧綠筠軒》詩。全詩為：「可使食無肉，不可使居無竹。無肉令人瘦，無竹令人俗。人瘦尚可肥，俗士不可醫。旁人笑此言，似高還似痴。若對此君仍大嚼，世間那有揚州鶴。」此君，指竹。揚州鶴，王十朋注引李厚曰：「有客相從，各言所志，或願為揚州刺史，或願多貲財，或願騎鶴上升。其一人曰：『腰纏十萬貫，騎鶴上揚州。』蓋欲兼三人者之所欲也。」後用「揚州鶴」比喻欲望多。

12 對淵博友如讀異書❶，對風雅友如讀名人詩文，對謹飭❷友如讀聖賢經傳，對滑稽❸友如閱傳奇小說。

【評 語】

李聖許曰：「讀這幾種書，亦如對這幾種友。」

張竹坡曰：「善於讀書取友之言。」

【注 釋】

❶ 異書：世間罕見的書籍。晉代葛洪《抱朴子・自敘》：「洪投戈釋甲，徑詣洛陽，欲廣尋異書，了不論戰功。」

❷ 謹飭：謹慎。

❸ 滑稽：言詞流利，能言會辯，善於戲謔取笑。

13 楷書須如文人，草書須如名將。行書介乎二者之間，如羊叔子緩帶輕裘❶，正是佳處。

【評語】

程韡老曰：「心齋不工書法，乃解作此語耶！」

張竹坡曰：「所以羲之必做右將軍。」

【注釋】

❶羊叔子緩帶輕裘：羊祜，西晉大臣，字叔子。羊祜「在軍常輕裘緩帶，身不被甲。」被，披。形容態度閒適從容。見《晉書・羊祜傳》。

14 人須求可入詩，物須求可入畫。

【評語】

龔半千曰：「物之不可入畫者，豬也、阿堵物❶也、惡少年也。」

張竹坡曰：「詩亦求可見得人，畫亦求可象個物。」

石天外曰：「人須求可入畫，物須求可入詩，亦妙。」

【注釋】

❶阿堵物：指錢。南朝宋劉義慶《世說新語・規箴》：「王夷甫雅尚玄遠，常嫉其婦貪濁，口未嘗言錢字。如欲試

之，令婢以錢繞床，不得行。夷甫晨起，見錢閡行，呼婢曰：『舉卻阿堵物。』」

15 少年人須有老成❶之識見，老成人須有少年之襟懷。

【評語】

江含徵曰：「今之鐘鳴漏盡❷，白髮盈頭者，若多收幾斛麥，便欲置側室，豈非有少年襟懷耶？獨是少年老成者少耳。」

張竹坡曰：「十七八歲便有妾，亦居然少年老成。」

李若金曰：「老而腐板❸，定非豪傑。」

王司直曰：「如此方不使歲月弄人。」

【注釋】

❶老成：閱歷多而穩重。《詩・大雅・蕩》：「雖無老成人，尚有典刑。」此處指老年人。

❷鐘鳴漏盡：晨鐘已鳴，夜漏已盡。比喻人到晚年。《三國志・魏志・田豫傳》：「年過七十而以居位，譬猶鐘鳴漏盡，而夜行不休，是罪人也。」

❸腐板：迂腐刻板。

16 春者，天之本懷❶；秋者，天之別調❷。

【評語】

石天外曰：「此是透徹性命關頭語。」

袁江中曰：「得春氣者，人之本懷；得秋氣者，人之別調。」

尤悔庵曰：「夏者，天之客氣❸；冬者，天之素風❹。」

陸雲士曰：「和神❺當春，清節❻為秋，天在人中矣。」

【注釋】

❶本懷：本來的情懷。

❷別調：特殊的格調。

❸客氣：虛驕之氣。

❹素風：純樸高潔的風尚。

❺和神：平和的精神。

❻清節：高潔的節操。

17 昔人云：若無花月美人，不願生此世界。予益一語云：若無翰墨棋酒，不必定作人身。

【評語】

殷日戒曰：「枉為人身生在世界者，急宜猛省。」

顧天石曰：「海外諸國，決無翰墨棋酒。即有，亦不與吾同。一般有人，何也？」

胡會來曰：「若無豪傑文人，亦不須要此世界。」

18 願在木而為樗❶（不才終其天年），願在草而為蓍❷（前知），願在鳥而為鷗❸（忘機），願在獸而為廌❹（觸邪），願在蟲而為蝶❺（花間栩栩），願在魚而為鯤❻（逍遙游）。

【評語】

吳國次曰：「較之《閒情》一賦，所願更自不同。」

鄭破水曰：「我願生生世世為頑石。」

尤悔庵曰：「第一大願。」又曰：「願在人而為夢。」

尤慧珠曰：「我亦有大願，願在夢而為影。」

弟木山曰：「前四願皆是相反。蓋前知則必多才，忘機則不能觸邪也。」

【注釋】

❶樗：木名，即臭椿。舊時用「樗櫟」比喻才能低下。多用作自謙之詞。典出《莊子・逍遙游》：「吾有大樹，人謂之樗。其大本擁腫而不中繩墨，其小枝卷曲而不中規矩。立之塗，匠者不顧。」又《人間世》：「匠石之齊，至於曲轅。見櫟社樹，其大蔽數千牛，絜之百圍……散木也，以為舟則沉，以為棺槨則速腐，以為器則速毀，以為門戶則液樠，以為柱則蠹。是不材之木也，無所可用，故能若是之壽。」

❷蓍：草名。古代用以占卜。

❸鷗：鳥名。《列子・黃帝》：「海上之人有好漚鳥者，每旦之海上，從漚鳥游。漚鳥之至者，百往而不止。其父曰：『吾聞漚鳥皆從汝游。汝取來，吾玩之。』明日之海上，漚鳥舞而不下也。」漚，通「鷗」。謂沒有機巧之心，異類也可以相親。後用「鷗鷺忘機」指泯除機心，淡泊寧靜。

❹廌即解廌，同獬豸。古代傳說中的神獸之名。能辨曲直。見人爭鬥，即以角觸不直者。《漢書・司馬相如傳》顏師古注引張揖曰：「解廌似鹿而一角。人君刑罰得中則生於朝廷，主觸不直者。」又《晉書・輿服志》：「或說獬豸、神羊，能觸邪佞。」《晉書・束晳傳》：「朝養觸邪之獸。」即指此獸。

❺蝶：《莊子・齊物論》：「昔者莊周夢為胡蝶，栩栩然胡蝶也。」胡，同「蝴」。

❻鯤：古代傳說中的大魚。《莊子・逍遙游》：「北冥有魚，其名為鯤。鯤之大，不知其幾千里也。化而為鳥，其名為鵬。鵬之背，不知其幾千里也；怒而飛，其翼若垂天之雲。」

19

黃九煙❶先生云：「古今人必有其偶。只千古而無偶者，其惟盤古乎！」予謂盤古亦未嘗無偶，但我輩不及見耳。其人為誰？即此劫❷盡時最後一人是也。」

【評語】

孫松坪曰：「如此眼光，何啻出牛背上❸耶。」

洪秋士曰：「偶亦不必定是兩人。有三人為偶者，有四人為偶者，有五六七八人為偶者。是又不可不知。」

【注釋】

❶黃九煙：即黃周星。清代文學家，字九煙。上元（今江蘇南京）人。有《芻狗齋集》。

❷劫：佛教指天地形成後，經若干萬年毀滅一次為「一劫」。

❸「如此眼光」句：《晉書・王衍傳》：「嘗因宴集，為族人所怒，舉樏擲其面。衍初無言，引王導共載而去，然

心不能平。在車中攬鏡自照，謂導曰：『爾看吾目光乃在牛背上矣。』」

20

古人以冬為三餘❶。予謂當以夏為三餘。晨起者夜之餘，夜坐者晝之餘，午睡者應酬人事之餘。古人詩云：「我愛夏日長。」❷洵不誣也。

【評語】

張竹坡曰：「眼前問冬夏皆有餘者，能幾人乎？」

張迂庵曰：「此當是先生辛未年以前語。」

【注釋】

❶三餘：指可以用來讀書的餘暇。《三國志‧魏志‧王肅傳》裴松之注引《魏略》：「人有從學者，遇（董遇）不肯教，而云：『必當先讀百遍。』言：『讀書百遍而義自見。』從學者云：『苦渴無日。』遇言：『當以三餘。』或問三餘之意。遇言：『冬者歲之餘，夜者日之餘，陰雨者時之餘也。』由是諸生少從遇學，無傳其朱墨者。」

❷「我愛」句：見唐文宗、柳公權《夏日聯句》。全詩為：「人皆苦炎熱，我愛夏日長（帝）。熏風自南來，殿閣生

微涼（柳公權）。」宋代蘇軾作《戲足柳公權聯句》詩，續補四句：「一為居所移，苦樂永相忘。願言均此施，清陰分四方。」

21 莊周夢為蝴蝶，莊周之幸也；蝴蝶夢為莊周，蝴蝶之不幸也。

【評語】

黃九煙曰：「惟莊周乃能夢為蝴蝶，惟蝴蝶乃能夢為莊周耳。若世之擾擾紅塵者❶，其能有此等夢乎？」

孫愷似曰：「君於夢之中又占其夢耶？」

江含徵曰：「周之喜夢為蝴蝶者，以其入花深也。若夢甫酣而乍醒，則又如嗜酒者夢赴席而為妻驚醒，不得不痛加詬誶矣。」

張竹坡曰：「我何不幸而為蝴蝶之夢者？」

【注釋】

❶擾擾紅塵者：指在紛亂繁雜的人世間追名逐利的人。

22 藝花可以邀蝶，累石可以邀雲，栽松可以邀風，貯水可以邀萍，築臺可以邀月，種蕉可以邀雨，植柳可以邀蟬。

【評語】

曹秋岳曰：「藏書可以邀友。」

崔蓮峰曰：「釀酒可以邀我。」

尤艮齋曰：「安得此賢主人？」

尤慧珠曰：「賢主人非心齋而誰乎？」

倪永清曰：「選詩可以邀謗。」

陸雲士曰：「積德可以邀天，力耕可以邀地。乃無意相邀而若邀之者，與邀名邀利者迥異。」

龐天池曰：「不仁可以邀富。」

23 景，有言之極幽而實蕭索者，煙雨也；境❶，有言之極雅而實難堪者，貧病也；聲，有言之極韻❷而實粗鄙者，賣花聲也。

【評語】

謝海翁曰：「物，有言之極俗而實可愛者，阿堵物也。」

張竹坡曰：「我幸得極雅之境。」

【注釋】

❶境：境遇。

❷韻：風雅。

24 才子而富貴，定從福慧❶雙修得來。

【評語】

冒青若曰：「才子富貴難兼。若能運用富貴，才是才子，才是福慧雙修。世豈無才子而富貴者乎？徒自貪著❷，無濟於人，仍是有福無慧。」

陳鶴山曰：「釋氏❸云：『修福不修慧，象身挂瓔珞❹；修慧不修福，羅漢❺供應薄。』正以其難兼耳。山翁❻發為此論，直是夫子自道。」

江含徵曰：「寧可拚一付菜園肚皮，不可有一副酒肉面孔。」

【注釋】

❶福慧：佛教指福德（善行或行善所得）與智慧。

❷貪著：佛教指一意貪求而不滿足。

❸釋氏：指佛。

❹瓔珞：佛教稱用珠玉穿成的飾物。《妙法蓮華經・普門品》：「即解頸眾寶珠瓔珞，價值百千兩而以與之。」

❺羅漢：「阿羅漢」的略稱。上座部佛教（小乘）修行的最高果位。有三義：(1) 殺賊，斷除一切煩惱之賊；(2) 應供，應受人天供奉；(3) 不生（或無生），永遠進入涅槃，不再生死輪迴。佛寺常有十八羅漢或五百羅漢的塑像。

❻山翁：張潮字山來，故稱。

25 新月恨其易沉，缺月恨其遲上。

【評語】

孔東塘曰：「我惟以月之遲早為睡之遲早耳。」

孫松坪曰：「第勿使浮雲點綴❶，塵滓太清❷，足矣。」

冒青若曰：「天道忌盈，沉與遲，請君勿恨。」

張竹坡曰：「易沉遲上，可以卜君子之進退。」

【注釋】

❶ 浮雲點綴：浮雲襯飾。南朝宋劉義慶《世說新語・言語》：「司馬太傅（道子）齋中夜坐。於時天月明淨，都無纖翳。太傅歎以為佳。謝景重在座，答曰：『意謂乃不如微雲點綴。』太傅因戲謝曰：『卿居心不淨，乃復強欲滓穢太清邪！』」

❷ 塵滓太清：使天空蒙上塵土。太清，天空。

26

躬耕❶，吾所不能學，灌園❷而已矣；樵薪❸，吾所不能學，薙（ㄊㄧˋ）草而已矣。

【評語】

汪扶晨曰：「不為老農而為老圃，可云半個樊遲❹。」

釋菌人曰：「以灌園薙草自任自待，可謂不薄。然筆端隱隱有非其種者，鋤而去之之意。」

王司直曰：「予自名為識字農夫，得毋妄甚？」

【注釋】

❶ 躬耕：親治農事。三國蜀諸葛亮《出師表》：「臣本布衣，躬耕於南陽，苟全性命於亂世，不求聞達於諸侯。」

❷灌園：從事田園勞動。《史記・商君列傳》：「君之危若朝露，尚將欲延年益壽乎？則何不歸十五都，灌園於鄙。」

❸樵薪：打柴。《詩・小雅・白華》：「樵彼桑薪，卬烘於煁。」

❹樊遲：春秋後期齊國人，孔子的學生。《論語・子路》：「樊遲請學稼。子曰：『吾不如老農。』請學為圃。曰：『吾不如老圃。』樊遲出。子曰：『小人哉，樊須也！』」

27

一恨書囊易蛀，二恨夏夜有蚊，三恨月臺❶易漏❷，四恨菊葉多焦，五恨松多大蟻，六恨竹多落葉，七恨桂荷易謝，八恨薜蘿❸藏虺❹，九恨架花生刺，十恨河豚多毒。

【評語】

江菂菴曰：「黃山松並無大蟻，可以不恨。」

張竹坡曰：「安得諸恨物盡有黃山乎？」

石天外曰：「予另有二恨：一曰才人無行，二曰佳人薄命。」

【注釋】

❶月臺：古代賞月的露天平臺。

❷漏：指下雨。

❸薜蘿：薜荔和女蘿，都是蔓生植物。

❹虺：毒蛇。

28 樓上看山，城頭看雪，燈前看月，舟中看霞，月下看美人，另是一番情境。

【評語】

江允凝曰：「黃山看雲更佳。」

倪永清曰：「做官時看進士，分金處看文人。」

畢右萬曰：「予每於雨後看柳，覺塵襟俱滌。」

尤謹庸曰：「山上看雪，雪中看花，花中看美人，亦可。」

29 山之光、水之聲、月之色、花之香、文人之韻致、美人之姿態，皆無可名狀、無可執著❶，真足以攝召魂夢，顛倒情思。

【評　語】

吳街南曰：「以極有韻致之文人與極有姿態之美人共坐於山水花月間，不知此時魂夢何如？情思何如？」

【注　釋】

❶執著：佛教指：固著於某一事物，不能超脫。

30 假使夢能自主，雖千里無難命駕，可不羨長房❶之縮地；死者可以晤對❷，可不需少君❸之招魂；五岳可以臥游❹，可不俟婚嫁之盡畢。

【評　語】

黃九煙曰：「予嘗謂，鬼有時勝於人，正以其能自主耳。」

江含徵曰：「吾恐『上窮碧落下黃泉，兩地茫茫皆不見』❺也。」

張竹坡曰：「夢魂能自主，則可一生死，通人鬼。真見道❻之言矣。」

【注釋】

❶長房：費長房。東漢方士。他曾為市掾。後從壺公入山學仙未成，持符而歸。能醫療眾病，鞭笞百鬼，及驅使社公。一日之間，人見其在千里之外者數處，因說他有縮地術。後失其符，為眾鬼所殺。見《後漢書・方術傳下》。

❷晤對：面對面交談。

❸少君：李少君。西漢方士。漢武帝時以祠竈、穀道、卻老方見帝。他「常自謂七十，能使物，卻老。」人「以少君為神，數百歲人也。」他曾說：「祠竈則致物，致物而丹砂可化為黃金，黃金成以為飲食器則益壽，益壽而海中蓬萊仙者可見。」後病死，「帝以為化去不死也。」見《史記・孝武本紀》。

❹臥游：以欣賞山水畫代替遊覽。此處指睡夢中遊玩。

❺「上窮」句：見唐代白居易《長恨歌》。碧落，道家對天界的稱呼；黃泉，地下深處。

❻見道：指達到老莊「道」的最高境界。

31 昭君以和親而顯，劉蕡❶以下第而傳，可謂之不幸，不可謂

之缺陷。

【評語】

江含徵曰：「若故折黃雀腿而後醫之，亦不可。」

尤悔庵曰：「不然，一老宮人，一低進士耳。」

【注釋】

❶劉蕡：唐代昌平（今北京昌平）人。字去華。他在唐文宗太和二年應賢良對策，極言宦官禍國。考官害怕得罪宦官，不敢錄取。同考的李郃說：「蕡逐我留，吾顏其厚邪！」令狐楚、牛僧孺「皆表蕡幕府，授祕書郎，以師禮禮之。」終因宦官誣陷，貶柳州司戶參軍。唐昭宗時，「贈蕡左諫議大夫，訪子孫，授以官。」見《新唐書・劉蕡傳》。」

32 以愛花之心愛美人，則領略自饒別趣；以愛美人之心愛花，則護惜倍有深情。

【評語】

冒辟疆曰：「能如此，方是真領略，真護惜也。」

張竹坡曰：「花與美人，何幸遇此東君❶。」

【注釋】

❶東君：司春神。唐代成彥雄《柳枝詞》之三：「東君愛惜與先春，草澤無人處也新。」

33

美人之勝於花者，解語❶也；花之勝於美人者，生香也。二者不可得兼，舍生香而取解語者也。

【評語】

王勿翦曰：「飛燕吹氣若蘭❷，合德體自生香❸，薛瑤英肌肉皆香❹，則美人又何嘗不生香也。」

【注釋】

❶解語：五代後周王仁裕《開元天寶遺事・解語花》：「明皇秋八月，太液池有千葉白蓮數枝盛開，帝與貴戚宴賞

焉。左右皆歎羨久之。帝指貴妃，示於左右曰：『爭如我解語花？』」後因以「解語花」比喻美人。

❷飛燕吹氣若蘭：飛燕，趙飛燕。漢成帝時宮人。先為婕妤，後立為皇后。初學歌舞，以體輕，故稱「飛燕」。與其妹昭儀專寵十餘年。哀帝立，尊為皇太后。平帝即位，廢為庶人，自殺。據《飛燕外傳》載，她名宜主，「幼聰悟。家有彭祖分胍(ㄍㄨㄚ)之書，善行氣術。長而纖便輕細，舉止翩然，人謂之『飛燕』。」

❸合德體自生香：合德，即趙昭儀。趙飛燕妹。飛燕寵衰，昭儀寵無比。及成帝暴崩，皇太后詔治問皇帝病狀，昭儀自殺。據《飛燕外傳》載，昭儀名合德。漢成帝曾說：「后雖有異香，不若婕妤體自香也。」

❹薛瑤英肌肉皆香：薛瑤英，唐代元載寵姬。幼時，其母趙娟讓她飲食異香。長大後肌膚生香，體態輕盈，姿質美艷，善歌舞。

34 窗內人於窗紙上作字，吾於窗外觀之極佳。

【評語】

江含徵曰：「若索債人於窗外紙上畫，吾且望之卻走矣。」

35 少年讀書如隙中窺月，中年讀書如庭中望月，老年讀書如臺❶上玩月，皆以閱歷之淺深為所得之淺深耳。

【評語】

黃交三曰：「真能知讀書痛癢者也。」

張竹坡曰：「吾叔此論，直置身廣寒宮❷裡，下視大千世界❸皆清光似水矣。」

畢右萬曰：「吾以為學道亦有淺深之別。」

【注釋】

❶臺：指月臺。見27則注❶。

❷廣寒宮：月宮。

❸大千世界：「三千大千世界」的簡稱。佛教以須彌山為中心，同一日月所照的四方天下為一小世界；一千個小世界合起來就是小千世界；一千個小千世界合起來就是中千世界；一千個中千世界合起來就是大千世界。泛指佛教化的範圍。

36 吾欲致書雨師❶：春雨宜始於上元節後（觀燈已畢），至清明十日前之內（雨止桃開），及穀雨節中。夏雨宜於每月上弦之前及下弦之後（免礙於月）。秋雨宜於孟秋季秋之上下二旬（八月為玩月勝境）。至若三冬❷，正可不必雨也。

【評　語】

孔東塘曰：「君若果有此牘，吾願作致書郵也。」

余生生曰：「使天而雨粟，雖自元旦雨至除夕，亦未為不可。」

張竹坡曰：「此書獨不可致於巫山雨師❸。」

【注　釋】

❶雨師：古代神話中司雨之神。

❷三冬：冬季三月，即冬季。

❸巫山雨師：指巫山神女。《文選‧宋玉〈高唐賦序〉》記，楚襄王與宋玉遊雲夢之臺，望高唐之觀，見其上有雲氣。宋玉說：「昔者先王（懷王）嘗游高唐，怠而晝寢，夢見一婦人，曰：『妾巫山之女也，為高唐之客。聞君游高唐，願薦枕席。』王因幸之。去而辭曰：『妾在巫山之陽，高丘之阻，旦為朝雲，暮為行雨，朝朝暮暮，陽臺之下。』」後因以「巫山」、「雲雨」為男女歡合之詞。

37 為濁富不若為清貧，以憂生不若以樂死。

【評語】

李聖許曰：「順理而生，雖憂不憂；逆理而死，雖樂不樂。」

吳野人曰：「我寧願為濁富。」

張竹坡曰：「我願太奢，欲為清富，焉能遂願？」

38 天下惟鬼最富，生前囊無一文，死後每饒楮（ㄔㄨˇ）鏹（ㄑㄧㄤˇ）❶；天下惟鬼最尊，生前或受欺凌，死後必多跪拜。

【評語】

吳野人曰：「世於貧士，輒目為窮鬼，則又何也？」

陳康疇曰：「窮鬼若死，即並稱尊矣。」

【注釋】

❶楮鏹：即楮錢。祭祀時焚化的紙錢。

39 蝶為才子之化身，花乃美人之別號。

【評　語】

張竹坡曰：「蝶入花房香滿衣，是反以金屋貯才子❶矣。」

【注　釋】

❶金屋貯才子：古代有「金屋貯嬌」的典故。據說漢武帝劉徹封膠東王時曾表示，若得阿嬌為婦，定建金屋讓她居住。這裡是戲用此典。

40 因雪想高士，因花想美人，因酒想俠客，因月想好友，因山水想得意詩文。

【評　語】

弟木山曰：「余每見人一長一技，即思效之，雖至瑣屑亦不厭也。大約是愛博而情不專。」

張竹坡曰：「多情語，令人泣下。」

尤謹庸曰：「因得意詩文，想心齋矣。」

李季子曰：「此善於設想者。」

陸雲士曰：「臨川❶謂：『想內成，因中見。』與此相發。」

【注釋】

❶臨川：即湯顯祖。

41 聞鵝聲，如在白門❶；聞櫓聲，如在三吳❷；聞灘聲，如在浙江；聞騾馬項下鈴鐸聲，如在長安❸道上。

【評語】

聶晉人曰：「南無❹觀世音❺菩薩摩訶薩❻。」

倪永清曰：「眾音寂滅時，又作麼生❼話會。」

【注釋】

❶白門：南京的別稱。

❷三吳：古地名。(1)以吳郡、吳興、會稽為三吳。(2)以吳郡、吳興、丹陽為三吳。(3)以蘇州、常州、湖州為三

吳。(4)以蘇州、潤州、湖州為三吳。

❸長安：中國古都之一。即今陝西西安。

❹南無：「歸敬」、「歸命」、「敬禮」的意思。佛教徒常用來加在佛、菩薩或經典題名之前，表示對佛、法的尊敬。

❺觀世音：大乘佛教菩薩之一。唐人避太宗（李世民）諱，略稱「觀音」。與大勢至菩薩分別為阿彌陀佛的左右脇侍，合稱西方三聖。為廣化眾生，示現種種形象。宋代以後，一般塑像和圖像多作女相。也稱圓通大士。參見7則注❻。

❻摩訶薩：「摩訶薩埵」的略稱。佛教徒對菩薩的通稱。

❼作麼生：怎麼樣、作什麼。唐代裴休《傳心法要》下：「若不覓便休，即誰教爾斷。爾見目前虛空，作麼生斷他。」

42 一歲諸節，以上元為第一，中秋次之，五日❶、九日❷，又次之。

【評　語】

張竹坡曰：「一歲當以我暢意日❸為佳節。」

顧天石曰：「躋上元於中秋之上，未免尚耽❹綺習❺。」

【注　釋】

❶五日：指陰曆五月初五端午節。

❷九日：指陰曆九月初九重陽節。

❸暢意日：心情意緒暢達的日子。

❹耽：沉溺。

❺綺習：綺靡的習氣。

43　雨之為物，能令晝短，能令夜長。

【評　語】

張竹坡曰：「雨之為物，能令天閉眼，能令地生毛，能為水國廣封疆。」

44 古之不傳於今者，嘯❶也、劍術也、彈棋❷也、打球❸也。

【評語】

黃九煙曰：「古之絕勝於今者，官妓❹、女道士也。」

張竹坡曰：「今之絕勝於古者，能吏也、猾棍❺也、無恥也。」

龐天池曰：「今之必不能傳於後者，八股也。」

【注釋】

❶嘯：撮口發出，長而清越的聲音。

❷彈棋：古代棋類遊戲。相傳西漢成帝時，劉向仿蹴鞠之體而作。《後漢書・梁冀傳》顏師古注引《藝經》：「彈棋，兩人對局，白、黑棋各六枚。先列棋相當，更先彈也。其局以石為之。」到魏時，改用十六棋。唐代又增為二十四棋。宋代失傳。

❸球：即鞠。古代習武、遊戲之用具。《漢書・枚乘傳》顏師古注：「鞠，以韋為之，中實以物。蹴蹋為戲樂也。」韋，牛皮。

❹官妓：古代入樂籍的娼妓。唐、宋官場酬應會宴，有官妓侍候。明代官妓隸屬教坊司，不再侍候官吏。清代康熙時廢除官妓制。

❺猾棍：狡詐的惡棍。

45 詩僧時復有之。若道士之能詩者，不啻空谷足音❶，何也？

【評　語】

畢右萬曰：「僧道能詩亦非難事，但惜僧道不知禪元❷耳。」

顧天石曰：「道於三教❸中原屬第三，應是根器❹最鈍人做，那得會詩？軒轅彌明❺，昌黎❻寓言耳。」

尤謹庸曰：「僧家勢利第一，能詩次之。」

倪永清曰：「我所恨者，辟穀❼之法不傳。」

【注　釋】

❶ 空谷足音：寂無人煙的山谷中聽到了腳步聲。比喻極其難得。《莊子・徐無鬼》：「夫逃虛空者……聞人足音跫(ㄑㄩㄥˊ)然而喜矣。」

❷ 禪元：宗教的本原。

❸ 三教：指儒、道、佛三教。《北史・周高祖紀》：「帝升高座，辨釋三教先後。以儒教為先，道教次之，佛教為後。」

❹ 根器：佛教以木譬喻人性，稱作根；根能堪物，稱作器。泛指根柢、稟賦。

❺ 軒轅彌明：唐代韓愈《石鼎聯句詩》中虛構的衡山道士。能詩。

❻昌黎：即韓愈。自謂郡望昌黎，世稱韓昌黎。

❼辟穀：古稱行導引之術，不食五穀，可以長生。後道教承襲，列為修仙之術。

46 當為花中之萱草❶，毋為鳥中之杜鵑❷。

【注　釋】

❶萱草：一種使人忘憂的草。三國魏嵇康《養生論》：「合歡蠲忿，萱草忘憂，愚智所共知也。」

❷杜鵑：鳥名。傳說周代末年，杜宇在蜀稱帝，號曰望帝。後讓位於其相開明，自己出走。時值二月，子規悲鳴。蜀人懷念杜宇，稱子規為杜鵑。一說，杜宇私通其相之妻，愧而出走，其魂化為杜鵑。

47 物之稚者皆不可厭，惟驢獨否。

【評　語】

黃略似曰：「物之老者皆可厭，惟松與梅則否。」

倪永清曰：「惟癖於驢者則不厭之。」

48 女子自十四五歲至二十四五歲，此十年中無論燕、秦、吳、越，其音大都嬌媚動人。一睹其貌，則美惡判然矣。耳聞不如目見，於此益信。

【評　語】

吳昕翁曰：「我向以耳根之有餘，補目力之不足。今讀此，乃知卿言亦復佳也。」

江含徵曰：「簾為妓衣，亦殊有見。」

張竹坡曰：「家有少年醜婢者，當令隔屏私語、滅燭侍寢，何如？」

倪如清曰：「若逢美貌而惡聲者，又當如何？」

49 尋樂境乃學仙，避苦趣乃學佛。佛家所謂極樂世界❶者，蓋謂眾苦之所不到也。

【評　語】

江含徵曰：「著敗絮行荊棘中，固是苦事，彼披忍辱鎧（ㄎㄞˇ）者，亦未得悠游自到也。」

陳雲士曰：「空諸所有，受即是空❷，其為苦樂不足言矣。故學佛優於學仙。」

【注　釋】

❶極樂世界：俗稱西天。佛經說，這是阿彌陀佛成道時依著願力而建立，遠在西方十萬億佛土以外的世界。《阿彌陀經》說：那裡「無有眾苦，但受諸樂，故名極樂。」是佛教徒嚮往的世界。

❷空：佛教指超乎色相現實的境界。

50 富貴而勞悴，不若安閒之貧賤；貧賤而驕傲，不若謙恭之富貴。

【評　語】

曹實庵曰：「富貴而又安閒，自能謙恭也。」

許師六曰：「富貴而又謙恭，乃能安閒耳。」

張竹坡曰：「謙恭安閒，乃能長富貴也。」

張迂庵曰：「安閒乃能驕傲，勞悴則必謙恭。」

51 目不能自見，鼻不能自嗅，舌不能自舐，手不能自握，惟耳能自聞其聲。

【評語】

弟木山曰：「豈不聞『心不在焉』、『聽而不聞』乎？兄其誑(ㄎㄨㄤˊ)我哉。」

張竹坡曰：「心能自信。」

釋師昂曰：「古德云：眉與目不相識，只為太近。」

52 凡聲皆宜遠聽，惟聽琴則遠近皆宜。

【評語】

王名友曰：「松濤聲、瀑布聲、簫聲、笛聲、潮聲、讀書聲、鐘聲、梵聲❶皆宜遠聽，惟琴聲、度曲聲❷、雪聲，非至近，不能得其離合抑揚之妙。」

龐天池曰：「凡色皆宜近看，惟山色遠近皆宜。」

【注　釋】

❶梵聲：念經的聲音。

❷度曲聲：按曲譜唱歌的聲音。

53 目不能識字，其悶尤過於盲；手不能執管，其苦更甚於啞。

【評　語】

陳鶴山曰：「君獨未知今之不識字、不握管者，其樂尤過於不盲不啞者也。」

54 並頭聯句❶、交頸❷論文、宮中應制❸、歷使❹屬國，皆極人間樂事。

【評　語】

狄立人曰：「既已並頭交頸，即欲聯句論文，恐亦有所不暇。」

汪舟次曰：「歷使屬國，殊不易易。」

孫松坪曰：「邯鄲舊夢，對此惘然。」

張竹坡曰：「並頭交頸，樂事也，聯句論文，亦樂事也，是以兩樂並為一樂者，則當以兩夜並一夜方妙。然其樂一刻勝於一日矣。」

沈契掌曰：「恐天亦見妒。」

【注釋】

❶聯句：兩人或多人共作一詩，相聯成篇。

❷交頸：兩頸相依。前人多以「並頭交頸」形容夫婦親愛。

❸應制：奉皇帝之命寫作詩文。

❹使：出使。

55

《水滸傳》武松詰蔣門神云：為何不姓李❶？此語殊妙。蓋姓實有佳有劣。如華、如柳、如雲、如蘇、如喬，皆極風韻。若夫毛也、賴也、焦也、牛也，則皆塵❷於目而棘❸於耳者也。

【評　語】

先渭求曰：「然則君為何不姓李耶？」

張竹坡曰：「止聞今張昔李，不聞今李昔張也。」

【注　釋】

❶為何不姓李：見《水滸傳》第二十九回。

❷塵：猶污。

❸棘：猶刺。

56 花之宜於目而復宜於鼻者，梅也、菊也、蘭也、水仙也、珠蘭也、蓮也；止宜於鼻者，櫞也、桂也、瑞香也、梔子也、茉莉也、木香也、玫瑰也、臘梅也。餘則皆宜於目者也。花與葉俱可觀者，秋海棠為最，荷次之，海棠、酴醿、虞美人、水仙又次之。葉勝於花者，止雁來紅、美人蕉而已。花與葉俱不足觀者，紫薇也、辛夷也。

【評　語】

周星遠曰：「山老可當花陣一面。」

張竹坡曰：「以一葉而能勝諸花者，此君❶也。」

【注　釋】

❶此君：指竹。參見4則注❸。

57 高語❶山林❷者，輒不喜談市朝❸。事審❹若此，則當並廢史、漢❺諸書而不讀矣。蓋諸書所載者，皆古之市朝也。

【評　語】

張竹坡曰：「高語者必是虛聲❻處士❼，真入山者方能經綸❽市朝。」

【注　釋】

❶高語：高談。

❷山林：指隱居。
❸市朝：人眾匯集處。指世事。
❹審：果真、確實。
❺史漢：《史記》、《漢書》。
❻虛聲：虛名。
❼處士：有才德而隱居不仕的人。
❽經綸：整理絲縷。引申為籌劃治理國家。

58

雲之為物，或崔巍如山，或瀲灩如水，或如人，或如獸，或如鳥毳，或如魚鱗。故天下萬物皆可畫，惟雲不能畫。世所畫雲，亦強名耳。

【評　語】

何蔚宗曰：「天下百官皆可做，惟教官❶不可做。做教官者，皆謫戍耳。」

張竹坡曰：「雲有反面、正面，有陰陽向背，有層次內外。細觀其與日相映，則知其明處乃一面，暗處又一面。嘗謂古今無一畫雲手，不謂《幽夢影》中先得我心。」

【注　釋】

❶教官：古代掌管學務的官員。

59

值太平世，生湖山郡❶，官長廉靜，家道優裕，娶婦賢淑，生子聰慧。人生如此，可云全福。

【評　語】

許筱林曰：「若以粗笨愚蠢之人當之，則負卻造物❷。」

江含徵曰：「此是黑面老子要思量做鬼處。」

吳岱觀曰：「過屠門而大嚼，雖不得肉，亦且快意。」

李荔園曰：「賢淑聰慧尤貴永年❸，否則福不全。」

【注　釋】

❶湖山郡：指山青水秀的地方。

❷造物：指天。
❸永年：長壽。

60

天下器玩之類，其製日工，其價日賤，毋惑乎民之貧也？

【評　語】

張竹坡曰：「由於民貧，故益工而益賤。若不貧，如何肯賤？」

61

養花膽瓶❶，其式之高低大小須與花相稱，而色之淺深濃淡又須與花相反。

【評　語】

程穆倩曰：「足補袁中郎❷《瓶史》所未逮。」

張竹坡曰：「夫如此，有不甘去南枝❸而生香於几案之右者乎？名花心足矣！」

王宓草曰：「須知相反者，正欲其相稱也。」

【注　釋】

❶膽瓶：頸長腹大，形如懸膽的花瓶。

❷袁中郎：即袁宏道，字中郎。明代文學家，公安派的創始者。有《袁中郎全集》。

❸南枝：南向的樹枝。《古詩十九首》之一：「胡馬依北風，越鳥巢南枝。」後多指思念家鄉。

62

春雨如恩詔，夏雨如赦書，秋雨如挽歌。

【評　語】

張諧石曰：「我輩居恆苦飢，但願夏雨如饅頭耳。」

張竹坡曰：「赦書太多，亦不甚妙。」

63

十歲為神童，二十三十為才子，四十五十為名臣，六十為神仙，可謂全人矣。

【評　語】

江含徵曰：「此卻不可知。蓋神童原有仙骨故也。只恐中間做名臣時，墮落名利場中耳。」

張竹坡曰：「神童、才子由於己，可能也。臣由於君，仙由於天，不可必也。」

顧天石曰：「六十神仙，似乎太早。」

64 武人不苟戰，是為武中之文；文不迂腐，是為文中之武。

【評　語】

梅定九曰：「近日文人不迂腐者頗多，心齋亦其一也。」

顧天石曰：「然則心齋直謂之武夫可乎？笑笑。」

王司直曰：「是真文人，必不迂腐。」

65

文人講武事，大都紙上談兵；武將論文章，半屬道聽途說。

【評語】

吳街南曰：「今之武將講武事，亦屬紙上談兵；今之文人論文章，大都道聽途說。」

66

斗方止三種可存。佳詩文一也，新題目二也，精款式三也。

【評語】

閔賓連曰：「近年斗方名士甚多，不知能入吾心齋彀(ㄍㄡˋ)中否也？」

67

情必近於癡而始真，才必兼乎趣而始化。

【評語】

陸雲士曰：「真情種、真才子能為此言。」

顧天石曰：「才兼乎趣，非心齋不足當之。」

尤慧珠曰：「余情而癡則有之，才而趣則未能也。」

68 凡花色之嬌媚者，多不甚香；瓣之千層❶者，多不結實。甚矣，全才之難也。兼之者其惟蓮乎！

【評語】

殷日戒曰：「花葉根實無所不空，亦無不適於用，蓮則全有其德者也。」
貫玉曰：「蓮花易謝，所謂有全才而無全福也。」
王丹麓曰：「我欲荔枝有好花、牡丹有佳實方妙。」
尤謹庸曰：「全才必為人所忌，蓮花故名君子❷。」

【注釋】

❶瓣之千層：花瓣重迭。
❷蓮花故名君子：北宋周敦頤《愛蓮說》：「蓮，花之君子者也。」參見4則注❹。

69 著得一部新書，便是千秋大業；注得一部古書，允為萬世宏功。

【評語】

黃交三曰：「世間難事，注書第一。大要於極尋常書，要看出作者苦心。」

張竹坡曰：「注書無難。天使人得安居無累，有可以注書之時與地為難耳。」

70 延名師訓子弟，入名山習舉止，丐名士代捉刀❶，三者都無是處。

【評語】

陳康疇曰：「大抵名而已矣，好歹原未必著意。」

殷日戒曰：「況今之所謂名乎！」

【注釋】

❶捉刀：南朝宋劉義慶《世說新語・容止》：「魏武將見匈奴使。自以形陋，不足雄遠國，使崔季珪代，帝自捉

刀，立床頭。既畢，令間諜問曰：『魏王如何？』匈奴使答曰：『魏王雅望非常。然床頭捉刀人，此乃英雄也。』」後以「捉刀」指代人作文。

71 積畫以成字，積字以成句，積句以成篇，謂之文。文體日增，至八股而遂止。如古文❶、如詩、如賦、如詞、如曲、如說部❷、如傳奇小說，皆自無而有。方其未有之時，固不料後來之有此一體也。逮既有此一體之後，又若天造地設，為世必應有之物。然自明以來，未見有創一體裁，新人耳目者。遙計百年之後必有其人，惜乎不及見耳。

【評　語】

陳康疇曰：「天下事從意起，山來今日既作此想，安知其來生不即為此輩翻新之士乎？惜乎今人不及知耳！」

陳鶴山曰：「此是先生應以創體❸身得度者，即現創體身而為設法。」

孫愷似曰：「讀《心齋別集》❹，拈《四子書》❺題，以五、七言韻體行之，無不入妙，歎其獨絕。此則直可當先生自序也。」

張竹坡曰：「見及於此，是必能創之者。吾拭目以待新裁。」

【注釋】

❶古文：唐代韓愈、柳宗元等反對魏晉以來駢儷（ㄆㄧㄢˊ ㄌㄧˋ）的文風，提倡秦漢時代的散體文，稱散體為古文。

❷說部：古代筆記、雜著之類文體。

❸創體：創新文體。

❹別集：古代收錄作家個人詩文的集子。

❺《四子書》：即《四書》，《大學》、《中庸》、《論語》、《孟子》的合稱。

72 雲映日而成霞，泉挂岩而成瀑，所託者異而名亦因之，此友道之所以可貴也。

【評語】

張竹坡曰：「非日而雲不映，非岩而泉不挂。此友道之所以當擇也。」

73 大家之文，吾愛之慕之，吾願學之；名家之文，吾愛之慕之，吾不敢學之。學大家而不得，所謂刻鵠不成尚類鶩❶也；學名家而不得，則是畫虎不成反類狗❷矣。

【評　語】

黃舊樵曰：「我則異於是，最惡世之貌為大家者。」

殷日戒曰：「彼不曾闖其藩籬，烏能窺其閫奧❸，只說得隔壁話耳。」

張竹坡曰：「今人讀得一兩句名家，便自稱大家矣。」

王安節曰：「大家是學問，名家是才華。」❹

【注　釋】

❶刻鵠不成尚類鶩：《後漢書・馬援傳》載馬援告誡兄子嚴敦書：「龍伯高敦厚周慎，口無擇言，謙約節儉，廉公有威，吾愛之重之，願汝曹效之。杜季良豪俠好義，憂人之憂，樂人之樂，清濁無所失，父喪致客，數郡畢至，吾愛之重之，不願汝曹效也。效伯高不得，猶為謹敕之士，所謂刻鵠不成尚類鶩者也。效季良不得，陷為天下輕薄子，所謂畫虎不成反類狗者也。」鵠，天鵝。鶩，鴨子。後以「刻鵠類鶩」比喻模擬相類似的人或事物，雖不能逼真，但可得其相近。

❷畫虎不成反類狗：比喻好高騖遠，事無所成，反而貽留笑柄。參見上注。

❸ 閫奧：本指室內深處，後用以比喻學問、事理精微深奧的境界。

❹ 此則評語，據清刊本補。

74 由戒得定，由定得慧，勉強漸近自然❶；煉精化氣，煉氣化神，清虛有何渣滓（ㄓㄚ ㄗˇ）❷。

【評語】

袁中江曰：「此二氏❸之學也，吾儒❹何獨不然？」

陸雲士曰：「《楞嚴經》❺、《參同契》❻精義盡涵在內。」

尤悔庵曰：「極平常語，然道在是矣。」

【注釋】

❶「由戒」句：佛教修行法。佛教徒依據佛教教義修習行持，內容包括戒、定、慧三個層面。戒，一般指佛教徒制定的戒規。定，指專注一境，思想集中，從而獲得悟解或功德的一種修習活動。慧，智慧。勉強，盡力而為。

❷「煉精」句：道教修煉法。道教徒以靜功、氣功鍛鍊自身內在的精、氣、神。《潛確類書》：「以精化氣，以氣化神，以神化虛，名三華聚頂。」清虛，清淨虛無。

❸二氏：佛教和道教。

❹儒：儒家。泛指讀書人。

❺《楞嚴經》：佛經名。全稱《大佛頂如來密因修證了義諸菩薩萬行首楞嚴經》，又略稱《首楞嚴經》等。十卷。一說唐代般剌密帝等譯。

❻《參同契》：道家書名，全稱《周易參同契》。東漢魏伯陽撰。道教奉為「丹經王」。

75 南北東西，一定之位也；前後左右，無定之位也。

【評語】

張竹坡曰：「聞天地晝夜旋轉，則此東西南北亦無定之位也。或者天地外貯，此天地者當有一定耳。」

76 予嘗謂二氏不可廢，非襲夫大養濟院❶之陳言也。蓋名山勝境，我輩每思褰（ㄑㄧㄢ）裳❷就之。使非琳宮❸梵（ㄈㄢˋ）剎（ㄔㄚˋ）❹，則倦時無可駐足，飢時誰與授餐。忽有疾風暴雨，五大夫❺果真足恃乎？又或丘壑深邃，非一日可了，豈能露宿以待明日乎？虎豹蛇虺，能保其不為人患乎？又或為士大夫所有，果能不問主人，任我之登陟憑吊而莫之禁乎？不特此也。甲之所有，乙思起而奪之，是啓爭端也。祖父之所創建，子孫貧，力不能修葺，其傾頹之狀，反足令山川減色矣！然此特就名山勝境言之耳。即城市之內，與夫四達之衢，亦不可少此一種。客遊可作居停❻，一也；長途可以稍憩，二也；夏之茗、冬之薑湯，復可以濟役夫負戴❼之困，三也。凡此皆就事理言之，非二氏福報之說❽也。

【評語】

釋中洲曰：「此論一出，量無慳檀越❾矣。」

張竹坡曰：「如此處置此輩甚妥。但不得令其於人家喪事誦經、吉事拜懺❿、裝金為像、鑄銅作身、房如宮殿、器御鐘鼓、動說因果。雖飲酒食肉、娶妻生子，總無不可。」

石天外曰：「天地生氣⓫，大抵五十年一聚。生氣一聚，必有刀兵、飢饉、瘟疫，以收其生氣。此古今一治一亂必然之數也。自佛入中國，用剃度⑫出家法絕其後嗣，天地蓋欲以佛節古今之生氣也。所以唐、宋、元、明以來，剃度者多而刀兵劫數稍減於春秋、戰國、秦、漢諸時也。然則佛氏且未必無功於天地，寧特人類已哉。」

【注　釋】

❶大養濟院：唐代肅宗時，在長安、洛陽各置普救病坊。宋南渡後，在臨安改原病坊為養濟院，救濟老疾孤寡、貧困不能自給者。明代英宗時，於大興、宛平各設養濟院一所，收養貧民。明代陳繼儒稱佛教為大養濟院。見《眉公先生晚香堂小品・大養濟院》：「佛氏者，朝廷之大養濟院也。」

❷褰裳：撩起下衣。《詩・鄭風・褰裳》：「子惠思我，褰裳涉溱。」

❸琳宮：道觀。

❹梵剎：佛寺。

❺五大夫：即松樹。見4則注㉒。

❻居停：寄居的處所。

❼負戴：負，背物；戴，以頭頂物。指體力勞動。《孟子・梁惠王上》：「頒白者不負戴於道路矣。」

❽福報之說：因果說。宗教信徒認為現世之人貧富窮達，是前生所造善惡決定，今生的善惡之行，亦必導致來生的罪福報應。

❾檀越：指向寺院施捨財物、飲食的世俗信徒。

❿拜懺：禮佛誦念、懺悔罪業的儀式。

⓫生氣：萬物生長發育之氣。

⓬剃度：佛教徒出家時剃除鬚髮，接受戒條的儀式。

77

雖不善書，而筆硯不可不精；雖不業醫，而驗方不可不存；雖不工弈，而楸枰(ㄑㄧㄡ ㄆㄧㄥˊ)❶不可不備。

【評　語】

江含徵曰：「雖不善飲，而良醞❷不可不藏，此坡仙❸之所以為坡仙也。」

顧天石曰：「雖不好色，而美女妖童❹不可不蓄。」

畢右萬曰：「雖不習武，而弓矢不可不張。」

【注　釋】

❶楸枰：棋盤。舊時多以楸木製作，故稱。

❷醞：酒。

❸坡仙：即蘇軾。因其神態瀟灑，為文汪洋恣肆，人稱坡仙。「唐宋八大家」之一。著作有《東坡七集》等。他在

《後赤壁賦》中寫道：「已而嘆曰：『有客無酒，有酒無肴，月白風清，如此良夜何？』客曰：『今者薄暮，舉網得魚，巨口細鱗，狀如松江之鱸。顧安所得酒乎？』歸而謀諸婦。婦曰：『我有斗酒，藏之久矣，以待子不時之須。』」

❹妖童：清秀的男童。

78 方外❶不必戒酒，但須戒俗；紅裙❷不必通文，但須得趣。

【評 語】

朱其恭曰：「以不戒酒之方外，遇不通文之紅裙，必有可觀。」

陳定九曰：「我不善飲，而方外不飲酒者，誓不與之語。紅裙若不識趣，亦不樂與近。」

釋浮村曰：「得居士此論，我輩可放心豪飲矣。」

弟東囿曰：「方外並戒了化緣❸方妙。」

【注 釋】

❶方外：指僧道。

❷紅裙：指美女。

❸化緣：僧尼向人求布施。

79 梅邊之石宜古，松下之石宜掘❶，竹旁之石宜瘦❷，盆內之石宜巧。

【評語】

周星遠曰：「論石至此，直可作九品中正❸。」

釋中洲曰：「位置相當，足見胸次。」

【注釋】

❶掘：拙也。意為粗笨。

❷瘦：細削。

❸九品中正：魏晉南北朝保證世族特權的官吏選拔制度。每個州郡由有「聲望」的人（實際上是世族豪門）擔任中正官，將當地士人按才能分為九等，由政府按等選用。

80 律己宜帶秋氣，處世宜帶春氣。

【評語】

孫松楸曰：「君子所以有矜群❶而無爭黨❷也。」

胡靜夫曰：「合夷惠為一人，吾願親炙之❸。」

尤悔庵曰：「皮裡春秋❹。」

【注釋】

❶矜群：同情大眾。

❷爭黨：朋黨之間的紛爭。

❸「合夷惠」句：《孟子・盡心下》：「孟子曰：『聖人，百世之師也，伯夷、柳下惠是也。故聞伯夷之風者，頑夫廉，懦夫有立志；聞柳下惠之風者，薄夫敦，鄙夫寬。奮乎百世之上，百世之下，聞者莫不興起也。非聖人而能若是乎？——而況親炙之者乎？』」伯夷，商末孤竹君長子。相傳孤竹君以次子叔齊為繼承人。孤竹君死後，叔齊讓位，伯夷不受。後二人投奔周國。周武王伐紂，兩人叩馬諫阻。武王滅周，兩人恥食周粟，逃到首陽山，採薇而食，餓死在山裡。柳下惠，即展禽。名獲，字禽，又字季。春秋時魯國大夫，食邑在柳下，諡惠。任士師時，三次遭黜。為人清高廉潔，以善於講究貴族禮節著稱。舊時把伯夷和柳下惠視作高尚清廉的典型，合稱夷惠。親炙，親身受到薰陶。

❹皮裡春秋：表面上不作評論，心中卻有所褒貶。《晉書・褚裒傳》：「裒少有簡貴之風……譙國桓彝見而目之曰：『季野有皮裡春秋。』言其外無臧否，而內有所褒貶也。」

81 厭催租之敗意，亟宜早早完糧；喜老衲❶之談禪，難免常常布施❷。

【評　語】

釋中洲曰：「居士輩之實情，吾僧家之私冀，直被一筆寫出矣。」

睹尊者曰：「我不會談禪，亦不敢妄求布施，惟閒寫青山賣耳。」

【注　釋】

❶老衲：老僧。

❷布施：佛教指施與他人財物、體力和智慧等，為他人造福成智而求得積累功德以至解脫的一種修行法。

82 松下聽琴，月下聽簫，澗邊聽瀑布，山中聽梵唄❶，覺耳中別有不同。

【評語】

張竹坡曰：「其不同處，有難於向不知者道。」

倪永清曰：「識得不同二字，方許享此清聽❷。」

【注釋】

❶梵唄：佛教徒以短偈形式贊唱佛、菩薩的頌歌。

❷清聽：清雅的聲音。

83 月下聽禪，旨趣益遠；月下說劍，肝膽益真；月下論詩，風致益幽；月下對美人，情意益篤。

【評語】

袁士旦曰：「溽暑中赴華筵，冰雪中應考試，陰雨中對道學先生，與此況味何如？」

84 有地上之山水，有畫上之山水，有夢中之山水，有胸中之山水。地上者，妙在丘壑深邃；畫上者，妙在筆墨琳漓；夢中者，妙在景象變幻；胸中者，妙在位置自如。

【評 語】

周星遠曰：「心齋《幽夢影》中文字，其妙亦在景象變幻。」

殷日戒曰：「若詩文中之山水，其幽深變幻，更不可以名狀。」

江含徵曰：「但不可有面上之山水。」

余香祖曰：「余境況不佳，水窮山盡矣。」

85 一日之計種蕉，一歲之計種竹，十年之計種柳，百年之計種松。

【評 語】

周星遠曰：「千年之計，其著書乎？」

張竹坡曰：「百世之計種德。」

86 春雨宜讀書，夏雨宜弈棋，秋雨宜檢藏，冬雨宜飲酒。

【評　語】

周星遠曰：「四時惟秋雨最難聽。然予謂無分今雨舊雨，聽之要皆宜於飲也。」

87 詩文之體，得秋氣為佳；詞曲之體，得春氣為佳。

【評　語】

江含徵曰：「調有慘淡悲傷者，亦須相稱。」

殷日戒曰：「陶詩❶、歐文❷亦似以春氣勝。」

【注　釋】

❶陶詩：陶淵明詩。

❷歐文：歐陽修文。

88

抄寫之筆墨，不必過求其佳；若施之縑素❶，則不可不求其佳。誦讀之書籍，不必過求其備；若以供稽考，則不可不求其備。遊歷之山水，不必過求其妙；若因之卜居❷，則不可不求其妙。

【評　語】

冒辟疆曰：「外遇之女色，不必過求其美；若以作姬妾，則不可不求其美。」

倪永清曰：「觀其區處條理❸，所在經濟❹可知。」

王司直曰：「求其所當求，而不求其所不必求。」

【注　釋】

❶縑素：供創作書畫之用的白色細絹。

❷卜居：擇地居住。

❸區處條理：指分別處理，層次清楚。蘇軾《論養士》：「區處條理，使各安其處。」

❹經濟：經世濟民。

89 人非聖賢，安能無所不知。止知其一，惟恐不止其一，復求知其二者，上也；止知其一，因人言始知有其二者，次也；止知其一，人言有其二而莫之信者，又其次也；止知其一，惡人言有其二者，斯下之下矣。

【評語】

周星遠曰：「兼聽則聰，心齋所以深於知也。」

倪永清曰：「聖賢大學問，不意於清語得之。」

90 史官所紀者，直世界也；職方❶所載者，橫世界也。

【評語】

袁中江曰：「眾宰官❷所治者，斜世界也。」

尤悔庵曰：「普天下所行者，混沌世界也。」

顧天石曰：「吾嘗思天上之天堂何處築基？地下之地獄何處出氣？世界固有不可思議者。」

【注釋】

❶職方：官名。《周禮》夏官所屬有職方氏，掌管地圖與四方職貢。唐宋至明清，都在兵部設職方司，主要掌管疆域圖籍。

❷宰官：縣令。

91 先天八卦❶，豎看者也；後天八卦❷，橫看者也。

【評語】

吳街南曰：「橫看豎看，皆看不著。」

錢目天曰：「何如袖手旁觀。」

【注釋】

❶先天八卦：八卦指《周易》中的八種基本圖形，用「⚊」和「⚋」符號組成，以「⚊」為陽，以「⚋」為陰。名稱是：乾（☰）坤（☷）震（☳）巽（☴）坎（☵）離（☲）艮（☶）兌（☱）。代表天、地、雷、風、水、火、山、澤。又以兩卦相疊，演為六十四卦。主要象徵自然現象和社會現象的發展變化。相傳是伏羲所造。北宋邵雍根據《周易》關於八卦形成的解釋和道教思想，制定一個宇宙構造的圖式，即「先天八卦圖」。主要是關於八卦方位和六十四卦次序的排列，用以推測自然和人事的變化。據說這種圖式及其所根據的「象數」原理，在沒有天地前就已存在，故稱「先天八卦」。一說先天八卦本已失傳，北宋時從彝區傳入，由道士整理創造。它反映了八卦產生初期的原始面目。

❷後天八卦：相對於先天八卦而言，指北宋之前所見的八卦。

92 藏書不難，能看為難；看書不難，能讀為難；讀書不難，能用為難；能用不難，能記為難。

【評語】

洪去蕪曰：「心齋以能記次於能用之後，想亦苦記性不如耳。世固有能記而不能用者。」

王端人曰：「能記能用，方是真藏書人。」
張竹坡曰：「能記固難，能行尤難。」

93　求知己於朋友易，求知己於妻妾難，求知己於君臣則尤難之難。

【評語】
王名友曰：「求知己於妾易，求知己於妻難，求知己於有妾之妻尤難。」
張竹坡曰：「求知己於兄弟亦難。」
江含徵曰：「求知己於鬼神則反易耳。」

94　何謂善人？無損於世者，則謂之善人。何謂惡人？有害於世者，則謂之惡人。

【評　語】

江含徵曰：「尚有有害於世而反邀善人之譽。此實為好利而顯為名高者，則又惡人之尤。」

95 有工夫讀書謂之福，有力量濟人謂之福，有學問著述謂之福，無是非到耳謂之福，有多聞直諒❶之友謂之福。

【評　語】

殷日戒曰：「我本薄福人，宜行求福，事在隨時儆醒❷而已。」

楊聖藻曰：「在我者可必，在人者不能必。」

王丹麓曰：「備此福者，惟我心齋。」

李水樵曰：「五福駢（ㄆㄧㄢˊ）臻固佳，苟得其半者，亦不得謂之無福。」

倪永清曰：「直諒之友，富貴人久拒之矣，何心齋反求之也？」

【注　釋】

❶多聞直諒：《論語・季氏》：「益者三友……友直、友諒、友多聞，益矣。」指正直、誠實、見聞廣博。

❷儆醒：儆戒警醒。

96 人莫樂於閒，非無所事事之謂也。閒則能讀書，閒則能遊名勝，閒則能交益友，閒則能飲酒，閒則能著書。天下之樂，孰大於是？

【評　語】

陳鶴山曰：「然則正是極忙處。」

黃交三曰：「閒字前有止敬❶功夫，方能到此。」

尤悔庵曰：「昔人云：忙裡偷閒❷。閒而可偷盜，亦有道矣。」

李若金曰：「閒固難得，有此五者，方不負閒字。」

【注　釋】

❶止敬：敬止、戒慎。《詩・大雅・文王》：「穆穆文王，于緝熙敬止。」《禮記・大學》：「為人君，止於仁；為人臣，止於敬；為人子，止於孝；為人父，止於慈；與國人交，止於信。」

❷忙裡偷閒：繁忙中擠出閒暇。宋代黃庭堅《和答趙令同前韻》詩：「人生政自無閒暇，忙裡偷閒得幾回。」

97 文章是案頭之山水，山水是地上之文章。

【評語】

李聖許曰：「文章必明秀，方可作案頭山水；山水必曲折，乃可名地上文章。」

98 平上去入乃一定之至理，然入聲之為字也少，不得謂凡字皆有四聲也。世之調平仄者，於入聲之無其字者，往往以不相合之音隸於其下。為所隸之字自有其平上去之三聲，而欲強以從我，則是干有夫之婦矣，其可乎？姑就詩韻言之，如東冬韻無入聲者也，今人盡調之以東董凍督。夫督之為音，當附於都睹妒之下。若屬之於東董凍，又何以處夫都睹妒乎？若東都二字俱以督字為入聲，則是一婦而兩夫矣。夫三江無入聲者也，今人盡調之以江講絳覺，殊不知覺之為音，當附於交絞教之下者也。諸如此類，不勝其舉。然則如之何而後可？曰：鰥者聽其鰥，寡者聽其寡，夫婦全者安其全，各不相干而已矣。（東、冬、歡、桓、寒、山、真、文、元、淵、先、天、庚、青、侵、鹽、咸諸部，皆無入聲者也。屋、沃內如禿、獨、鵠、束等字，乃魚、虞韻內都、圖等字之入聲；卜、木、六、仆等字，乃五歌部之入聲；玉、菊、獄、育等字，乃尤部之入聲。三覺、十藥，當屬於蕭、肴、豪；質、錫、職、緝，當屬於橘、微、齊；質內之橘、卒，物內之鬱、屈，當屬於虞、魚，物內之勿、物等音，無平上去者也。訖、乞等，四支之入聲也。陌部乃佳、灰之半、開、來等字之入聲也。月部之月、厥、闕、謁等及屑、葉二部，古無平上去，而今則為中州韻內車、遮諸字之入聲也。伐、發等字及曷部之括、適及八黠全部，又十五合內諸字，又十七洽全部，皆六麻之入聲也。曷內之撮、闊等字，合部之合、盒數字，皆無平上去者也。若以緝、合、葉、洽為閉口韻，則止當謂之無平上去之寡婦，而不當調之以侵、寑、緝：咸喊陷洽也。）❶

【評　語】

石天外曰：「中州韻無入聲，是有夫無婦，天下皆成曠夫❷世界矣。」

【注　釋】

❶這是張潮在音韻學方面的一些設想，實際上與今音、古音的規律都不相吻合，是行不通的。

❷曠夫：無妻的成年男子。《孟子・梁惠王下》：「內無怨女，外無曠夫。」

99 《水滸傳》是一部怒書，《西遊記》是一部悟書，《金瓶梅》是一部哀書。

【評　語】

江含徵曰：「不會看《金瓶梅》而只學其淫，是愛東坡者但喜吃東坡肉❶耳。」

殷日戒曰：「《幽夢影》是一部快書。」

朱其恭曰：「余謂《幽夢影》是一部趣書。」

龐天池曰：「《幽夢影》是一部恨書，又是一部禪書。」❷

【注　釋】

❶東坡肉：一種煮得極為酥爛的豬肉。傳說這種煮法創自蘇東坡。清代翟灝《通俗編》卷十四：「《東坡集》食豬肉詩：『黃州好豬肉，價賤如糞土。富者不肯吃，貧者不解煮。慢著火，少著水，火候足時他自美。每日起來打一碗，飽得自家君莫管。』按今俗謂爛煮肉曰『東坡肉』，由此。」

❷此則評語，據清刊本補。

100

讀書最樂，若讀史書則喜少怒多。究之，怒處亦樂處也。

【評　語】

張竹坡曰：「讀到喜怒俱忘，是大樂境。」

陸雲士曰：「余嘗有句云：『讀《三國志》，無人不為刘；讀南宋書，無人不冤岳。』第人不知怒處亦樂處耳。怒而能樂，惟善讀史者知之。」

101

發前人未發之論，方是奇書；言妻子難言之情，乃為密友。

【評語】

孫愷似曰：「前二語是心齋著書本領。」

畢右萬曰：「奇書我卻有數種，如人不肯看何？」

陸雲士曰：「《幽夢影》一書所發者皆未發之論，所言者皆難言之情，欲語羞雷同，可以題贈。」

龐天池曰：「前句夫子自道也，後句夫子癡想也。」❶

【注釋】

❶ 此則評語，據清刊本補。

102

一介之士必有密友，密友不必定是刎頸之交。大率雖千百里之遙，皆可相信，而不為浮言所動。聞有謗之者，即多方為之辯析而後已。事之宜行宜止者，代為籌畫決斷。或事當利害關頭，有所需而後濟者，即不必與聞，亦不慮其負我與否，竟為力承其事。此皆所謂密友也。

【評　語】

殷日戒曰：「後段更見懇切周詳，可以想見其為人矣。」

石天外曰：「如此密友，人生能得幾個？僕願心齋先生當之。」

103　風流自賞，只容花鳥趨陪；真率誰知，合受煙霞供養。

【評　語】

江含徵曰：「東坡有云：『當此之時，若有所思而無所思。』」

104　萬事可忘，難忘者名心❶一段；千般易淡，未淡者美酒三杯。

【評　語】

張竹坡曰：「是聞雞起舞❷，酒後耳熱氣象。」

王丹麓曰：「予性不耐飲，美酒亦易淡，所最難忘者名耳。」

陳雲士曰：「惟恐不好名，丹麓此言具見真處。」

【注　釋】

❶名心：求名之心。

❷聞雞起舞：《晉書・祖逖傳》：「（祖逖）與司空劉琨俱為司州主簿，情好綢繆，共被同寢。中夜聞荒雞鳴，蹴琨覺曰：『此非惡聲也。』因起舞。」荒雞，半夜啼的雞，古人認為不祥。後因以「聞雞起舞」比喻有志之士勤勉奮發。

芰荷可食而亦可衣❶，金石可器而亦可服❷。

【評　語】

張竹坡曰：「然後知濂溪❸不過為衣食計耳。」

王司直曰：「今之為衣食計者，果似濂溪否？」

【注　釋】

❶「芰荷」句：《楚辭・離騷》：「製芰荷以為衣兮，集芙蓉以為裳。」芰荷，荷葉。

❷「金石」句：金石，金銀玉石之屬。道教有煉丹術，在爐鼎中燒煉金石藥物，煉製長生不死丹藥（金丹）。

❸濂溪：即周敦頤。見4則注❹。有散文名篇《愛蓮說》。

106

宜於耳復宜於目者，彈琴也、吹簫也；宜於耳不宜於目者，吹笙也、擫（ㄧㄝ）管也。

【評語】

李聖許曰：「宜於目不宜於耳者，獅子吼之美婦人❶也；不宜於目並不宜於耳者，面目可憎、語言無味之紈袴子也。」

龐天池曰：「宜於耳復宜於目者，巧言令色也。」

【注釋】

❶獅子吼之美婦人：指凶悍而漂亮的女人。據宋代洪邁《容齋三筆》卷三載：陳慥字季常，自稱龍丘先生。其妻柳氏凶妒。故蘇東坡有詩云：「龍丘居士亦可憐，談空說有夜不眠。忽聞河東師子吼，拄杖落手心茫然。」師，同「獅」。河東，柳姓郡望，暗指陳妻柳氏。師子吼，佛家喻威嚴。陳慥好談佛，蘇東坡借以戲之。

107 看曉妝，宜於傅粉之後。

【評語】

余淡心曰：「看晚妝，不知心齋以為宜於何時？」

周冰持曰：「不可說，不可說。」

黃交三曰：「水晶簾下看梳頭，不知爾時曾傅粉否？」

龐天池曰：「看殘妝，宜於微醉後。然眼花撩亂矣。」

108

我不知我之生前，當春秋❶之季，曾一識西施❷否？當典午❸之時，曾一看衛玠（ㄐㄧㄝˋ）❹否？當義熙❺之世，曾一醉淵明否？當天寶❻之代，曾一睹太真❼否？當元豐❽之朝，曾一晤東坡否？千古之上，相思者不止此數人，而此數人則其尤甚者，故姑舉之以概其餘也。

【評　語】

楊聖藻曰：「君前生曾與諸君周旋亦未可知，但今生忘之耳。」

紀伯紫曰：「君之前生或竟是淵明、東坡諸人亦未可知。」

王名友曰：「不特此也。心齋自云，願來生為絕代佳人，又安知西施、太真不即為其前生耶？」

鄭破水曰：「讚歎愛慕，千古一情。美人不必為妻妾，名士不必為朋友，又何必問之前生也耶？心齋真情癡也。」

陸雲士曰：「余嘗有詩曰：『自昔聞佛言，人有輪迴❾事。前生為古人，不知何姓氏？或覽青史中，若與他人遇。』竟與心齋同情，然大遜其奇快。」

【注　釋】

❶春秋：歷史時代，因魯國編年史《春秋》而得名。現在一般把公元前七七〇年到前四七六年劃為春秋時代。

❷西施：一作先施，又稱西子。春秋末年，越國苧羅（今浙江諸暨南）人。傳說越人敗於會稽，命范蠡求得美女西施，進獻吳王夫差。越勝吳後，西施從范蠡入五湖而去。

❸典午：典、司都有掌管之意，午，生肖為馬，「典午」隱指司馬。晉帝姓司馬，故以「典午」代指晉。

❹衛玠：字叔寶。晉朝安邑（今山西夏縣西北）人。風姿秀異，人稱玉人。好談玄理，得享盛名。官至太子司馬。後避亂移家建業，人聞其姿容，觀者如堵。永嘉六年二十七歲時卒，時人謂其被「看殺」。

❺義熙：晉安帝年號（四〇五～四一八年）。

❻天寶：唐玄宗年號（七四二～七五六年）。

❼太真：即楊貴妃。見4則注❽。

❽元豐：宋神宗年號（一〇七八～一〇八五年）。

❾輪迴：佛教語。意謂眾生在六道（天、人、阿修羅、地獄、餓鬼、畜生）的生死世界循環轉化。

109

我又不知，在隆萬❶時，曾於舊院❷中交幾名妓，眉公❸、伯虎❹、若士❺、赤水❻諸君曾共我談笑幾回？茫茫宇宙，我今當向誰問之耶？

【評　語】

江含徵曰：「死者有知，則良晤非遙。如各化為異物，吾未如之何也已。」

顧天石曰：「具此襟情，百年後當有恨不與心齋周旋者，則吾幸矣。」

【注　釋】

❶隆萬：明代隆慶（明穆宗年號）、萬曆（明神宗年號）年間（一五六七～一六二〇年）。

❷舊院：明代金陵（南京）秦淮河畔妓樓集中區之中，多名妓。參閱清代余懷《板橋雜記》。

❸眉公：陳繼儒。明代文學家、書畫家。字仲醇，號眉公、麋公。華亭（今上海松江）人。有《陳眉公全集》。
❹伯虎：唐寅。
❺若士：湯顯祖。
❻赤水：屠隆。明代戲曲作家、文學家。字長卿、緯真，號赤水、鴻苞居士。浙江鄞縣人。著有傳奇《曇花記》、《修文記》、《彩毫記》三種。詩文有《白榆集》、《由拳集》、《鴻苞集》等。

110

文章是有字句之錦繡，錦繡是無字句之文章，兩者同出於一原。姑即粗跡論之，如金陵❶、如武林❷、如姑蘇❸，書林❹之所在，即機杼（ㄓㄨˋ）之所在也。

【注　釋】

❶金陵：南京的別稱。
❷武林：杭州的別稱，以武林山得名。
❸姑蘇：蘇州的別稱，因西南有姑蘇山而得名。
❹書林：指書店。

111 予嘗集諸法帖字為詩。字之不復而多者，莫善於《千字文》❶。然詩家目前常用之字，猶苦其未備。如天文之煙霞風雪，地理之江山塘岸，時令之春宵曉暮，人物之翁僧漁樵，花木之花柳苔萍，鳥獸之蜂蝶鶯燕，宮室之臺檻軒窗，器用之舟船壺杖，人事之夢憶愁恨，衣服之裙袖錦綺，飲食之茶漿飲酌，身體之鬚眉韻態，聲色之紅綠香艷，文史之騷賦題吟，數目之一三雙半，皆無其字。《千字文》且然，況其他乎？

【評　語】

黃仙裳曰：「山來此種詩，竟似為我而設。」

顧天石曰：「使其皆備，則《千字文》不為奇矣。吾嘗於千字之外另集千字而已，不可復得，更奇。」

【注　釋】

❶《千字文》：南朝梁代周興嗣撰。揭取王羲之遺書不同的字一千個，編為四言韻語，敘述有關自然、社會、歷史、倫理、教育等方面的知識。隋代開始流行。後有多種續編和改編本。是我國舊時的蒙學課本。

112 花不可見其落，月不可見其沉，美人不可見其夭。

【評語】

朱其恭曰：「君言謬矣！洵如所云，則美人必見其髮白齒豁而後快耶？」

113 種花須見其開，待月須見其滿，著書須見其成，美人須見其暢適，方有實際，否則皆為虛設。

【評語】

王璞庵曰：「此條與上條互相發明，蓋曰花不可見其落耳，必須見其開也。」

114 惠施多方，其書五車❶；虞卿以窮愁著書❷。今皆不傳，不知書中果作何語。我不見古人，安得不恨？

【評語】

王仔園曰：「想亦與《幽夢影》相類耳。」

顧天石曰：「古人所讀之書、所著之書，若不被秦人燒盡，則奇奇怪怪可供今人刻畫者知復何限。然如《幽夢影》等書出，不必思古人矣。」

倪永清曰：「有著書之名而不見書，省人多少指摘。」

龐天池曰：「我獨恨古人不見心齋。」

【注釋】

❶「惠施」句：見《莊子・天下》。惠施，宋國人。戰國時代哲學家、名家的代表人物之一。與莊子為友。《漢書・藝文志》名家著錄《惠子》一篇，今佚。

❷「虞卿」句：虞卿，戰國時人。名失傳。因進說趙孝威王，被任命為上卿，故稱虞卿。後因拯救魏相魏齊，棄相印，與魏齊逃亡，困於梁。他窮愁著書，上採《春秋》，下觀近世，以刺譏國家得失。《漢書・藝文志》載儒家《虞氏春秋》十五篇，今佚。清代馬國翰有輯本。

115

以松花為量❶，以松實為香，以松枝為麈（ㄓㄨˇ）尾❷，以松陰為步障

❸，以松濤為鼓吹。山居得喬松百餘章，真乃受用不盡。

【評　語】

施愚山曰：「君獨不記曾有松多大蟻之恨耶？」

江含徵曰：「松多大蟻，不妨便為蟻王。」

石天外曰：「坐喬松下如在水晶宮中，見萬頃波濤總在頭上，真仙境也。」

【注　釋】

❶以松花為量：量，同「糧」。明代吳從先《小窗自紀》：「數畝松花食有餘，絕勝鐘鳴鼎食。」

❷麈尾：拂塵。魏晉人清談時常執的一種拂子，用麈（獸名）的尾毛製成。

❸步障：用以遮蔽風、塵或視線的一種屏幕。

116

玩（ㄨㄢˊ）月之法，皎潔則宜仰觀，朦朧則宜俯視。

【評　語】

孔東塘曰：「深得玩月三昧。」

王安節曰：「皎潔，則登高岡峻嶺，撫孤松，歌詠以觀之；朦朧，則遊平陸，與一二密友話舊以觀之，似宜之中更有所宜。」❶

【注　釋】

❶此則評語，據清刊本補。

117

孩提之童，一無所知。目不能辨美惡，耳不能判清濁，鼻不能別香臭。至若味之甘苦，則不第知之，且能取之棄之。告子❶以甘食悅色為佳，殆指此類耳。

【評　語】

王子直曰：「可以不能者，天則聽其不能；不可不能者，天即使之皆能。可見天之用心獨周至。若告子之所謂食色，恐非此類。以五官之嗜好，皆本於性也。」❷

【注　釋】

❶告子：戰國時人，名不詳。一說名不害。提出性無善惡論。又說：「食色，性也。」見《孟子・告子上》。

❷此則評語，據清刊本補。

118 凡事不宜刻，若讀書則不可不刻；凡事不宜貪，若買書則不可不貪；凡事不宜癡，若行善則不可不癡。

【評語】

余淡心曰：「讀書不可不刻。請去一讀字，移以贈我，何如？」

張竹坡曰：「我為刻書累，請並去一不字。」

楊聖藻曰：「行善不癡，是邀名矣。」

119 酒可好（ㄏㄠˋ），不可罵座；色可好，不可傷生；財可好，不可昧心；氣可好，不可越理。

【評　語】

袁中江曰：「如灌夫使酒❶，文園病肺❷，昨夜南塘一出，馬上挾章臺柳❸歸，亦自無妨。覺愈見英雄本色也。」

王宓草曰：「可以立品，可以養生，可以治心。」❹

【注　釋】

❶灌夫使酒：灌夫，字仲孺。西漢潁陰（今河南許昌）人。喜「任俠」，家財錢數千萬，食客日數十百人，橫暴潁川。《漢書・灌夫傳》：「夫為人剛直，使酒，不好面諛。」顏師古注：「使酒，因酒而使氣也。」

❷文園病肺：文園，即司馬相如。曾為孝文園令，後因稱文園。他患有虛癆消渴症。

❸章臺柳：據《太平廣記》四八五卷引唐代許堯佐《柳氏傳》、唐代孟棨《本事詩・情感一》記載，唐代韓翃有姬柳氏，安史之亂時奔散，後出家為尼。韓翃使人寄柳氏《章臺柳》詞：「章臺柳，章臺柳，昔日青青今在否？縱使長條似舊垂，也應攀折他人手。」後柳氏被蕃將沙吒利劫走。韓翃用虞侯許俊計奪還，重得團圓。

❹此則評語，據清刊本補。

120

文名可以當科第，儉德可以當貨財，清閒可以當壽考。

【評　語】

聶晉人曰：「若名人而登甲第，富翁而不驕奢，壽翁而又清閒，便是蓬壺三島❶中人也。」

范汝受曰：「此亦是貧賤文人無所事事，自為慰藉云耳，恐亦無實在受用處也。」

曾青藜曰：「『無事此靜坐，一日似兩日。若活七十年，便是百四十。』❷此是『清閒當壽考』注腳。」

石天外曰：「得老子退一步法。」

顧天石曰：「予生平喜遊，每逢佳山水，輒留連不去，亦自謂可當園亭之樂。質之心齋，以為然否？」

【注　釋】

❶蓬壺三島：古代傳說，東海中有蓬萊、方丈、瀛洲三山，為神仙所居，山形如壺，故稱。

❷「無事」句：蘇東坡詩。

121 不獨誦其詩、讀其書是尚友❶古人，即觀其字畫，亦是尚友古人處。

【評　語】

張竹坡曰：「能友字畫中之古人，則九原❷皆為之感泣矣。」

【注　釋】

❶尚友：《孟子・萬章下》：「以友天下之善士為未足，又尚論古之人。頌其詩，讀其書，不知其人，可乎？是以論其世也，是尚友也。」尚通「上」，尚友，謂上與古人做朋友。

❷九原：九州。

122

無益之施舍，莫過於齋僧；無益之詩文，莫甚於祝壽。

【評　語】

張竹坡曰：「無益之心思，莫過於憂貧；無益之學問，莫過於務名。」

殷簡堂曰：「若詩文有筆資，亦未嘗不可。」

龐天池曰：「有益之施舍，莫過於多送我《幽夢影》幾冊。」

123 妾美不如妻賢，錢多不如境順。

【評語】

張竹坡曰：「此所謂竿頭欲進步者。然妻不賢，安用妾美；錢不多，那得境順。」

張迂庵曰：「此蓋謂二者不可得兼，舍一而取一者也。」又曰：「世固有錢多而境不順者。」

124 創新庵不若修古廟，讀生書不若溫舊業。

【評語】

張竹坡曰：「是真會讀書者，是真讀過萬卷書者，是真一書曾讀過數遍者。」

顧天石曰：「惟《左傳》、楚詞、馬、班、杜、韓之詩文及《水滸》、《西廂》、《還魂》等書，雖讀百遍不厭。此外者皆不耐溫者矣，奈何？」

王安節曰：「今世建生祠，又不若創茅庵。」

125 字與畫同出一原，觀六書始於象形則可知已。

【評語】

江含徵曰：「有不可畫之字，不得不用六法也。」

張竹坡曰：「千古人未經道破，卻一口拈出。」

126 忙人園亭宜與住宅相連，閒人園亭不妨與住宅遠。

【評語】

張竹坡曰：「真閒人，必以園亭為住宅。」

127 酒可以當茶，茶不可以當酒；詩可以當文，文不可以當詩；曲可以當詞，詞不可以當曲；月可以當燈，燈不可以當月；筆可以當口，口不可以當筆；婢❶可以當奴❷，奴不可以當婢。

【評　語】

江含徵曰：「婢當奴則太親，吾恐忽聞河東獅子吼❸耳。」

周星遠曰：「奴亦有可以當婢處，但未免稍遜耳。近時士大夫往往耽此癖。吾輩馳騖❹之流，盜此虛名，亦欲效顰相尚，滔滔者天下皆是也。心齋豈未識其故乎？」

張竹坡曰：「婢可以當奴者，有奴之所有者也；奴不可以當婢者，有婢之所同有，無婢之所獨有者也。」

弟木山曰：「兄於飲食之頃，恐月不可以當燈。」

余湘客曰：「以奴當婢，小姐權時落後也。」

宗子發曰：「惟帝王家不妨以奴當婢，蓋以有閹割法也。每見人家奴子出入主母臥房，亦殊可慮。」

【注　釋】

❶婢：婢女。

❷奴：男僕。

❸河東獅吼：參見106則注❶。

❹馳騖：奔走。

128 胸中小不平，可以酒消之；世間大不平，非劍不能消也。

【評語】

周星遠曰：「看劍引杯長，一切不平者皆破除矣。」

張竹坡曰：「此平世的劍術，非隱娘輩❶所知。」

張迂庵曰：「蒼蒼者未必肯以太阿❷假人，似不能代作空空兒❸也。」

尤悔庵曰：「龍泉、太阿，汝知我者，豈止蘇子美以一斗讀《漢書》❹耶？」

【注釋】

❶隱娘：唐代裴鉶《傳奇・聶隱娘》中的主人公。女劍俠，屢助陳許節度使劉昌裔脫險。

❷太阿：與龍泉都是古代寶劍之名。

❸空空兒：即妙手空空兒。《聶隱娘》中的劍俠之名。

❹「蘇子美以一斗」句：蘇子美，即蘇舜欽。據宋代龔明之《中吳紀聞》載，蘇舜欽每晚讀書，都要喝一斗酒。讀《漢書》時，常常一大杯一大杯地喝。他的岳丈杜衍聽知，笑道：「有如此下酒物，一斗誠不為多也。」

129 不得已而諛之者，寧以口，毋以筆；不可耐而罵之者，亦寧

以口，毋以筆。

【評語】

孫豹人曰：「但恐未必能自主耳。」

張竹坡曰：「上句立品，下句立德。」

張迂庵曰：「非惟立德，亦以免禍。」

顧天石曰：「今人筆不諛人，更無用筆之處矣。心齋不知此苦，還是唐宋以上人耳。」

陸雲士曰：「古筆銘曰：『毫毛茂茂，陷水可脫，陷文不活。』正此謂也。亦有諛以筆而實譏之者，亦有罵以筆而若譽之者，總以不筆為高。」

130 多情者必好色，而好色者未必盡屬多情；紅顏者必薄命，而薄命者未必盡屬紅顏；能詩者必好酒，而好酒者未必盡屬能詩。

【評語】

張竹坡曰：「情起於色者，則好色也，非情也。禍起於顏色者，則薄命在紅顏，否則亦止曰命而已矣。」

洪秋士曰：「世亦有能詩而不好酒者。」

131 梅令人高，蘭令人幽，菊令人野，蓮令人淡，春海棠令人艷，牡丹令人豪，蕉與竹令人韻，秋海棠令人媚，松令人逸，桐令人清，柳令人感。

【評　語】

張竹坡曰：「美人令眾卉皆香，名士令群芳俱舞。」

尤謹庸曰：「讀之驚才絕艷，堪采入《群芳譜》中。」

吳寶崖曰：「《幽夢影》令人韻。」❶

陳留溪曰：「心齋種種著作，皆能令人饞。」❷

【注　釋】

❶❷：此二則評語，據清刊本補。

132 物之能感人者，在天莫如月，在樂莫如琴，在動物莫如鵑，在植物莫如柳。

【評語】

王庛草曰：「於垂柳下對月彈琴，或聞杜鵑啼數聲，此時令人百感交集。」❶

【注釋】

❶ 此則評語，據清刊本補。

133 妻子頗足累人，羨和靖❶梅妻鶴子❷；奴婢亦能供職，喜志和❸樵婢漁奴❹。

【評語】

尤悔庵曰：「梅妻鶴子、樵婢漁童可稱絕對，人生眷屬，得此足矣。」

【注　釋】

❶和靖：見4則注❷。

❷梅妻鶴子：林逋（和靖）隱居杭州西湖孤山，無妻無子，種梅養鶴以自娛，人因以稱之。

❸志和：張志和，字子同，初名龜齡。唐代詩人。隱居江湖，自號煙波釣徒。善歌詞，能書畫、擊鼓、吹笛。作品都寫閒散之生活。有《玄真子》行世。

❹樵婢漁奴：《新唐書・隱逸傳・張志和》：「帝嘗賜奴婢各一，志和配為夫婦，號漁童、樵青。」

134 涉獵雖曰無用，猶勝於不通古今；清高固然可嘉，莫流於不識時務。

【評　語】

黃交三曰：「南陽抱膝❶時，原非清高者可比。」

江含徵曰：「此是心齋經濟語。」

張竹坡曰：「不合時宜則可，不達時務，奚其可？」

尤悔庵曰：「名言名言。」

【注　釋】

❶南陽抱膝：諸葛亮在南陽，常抱膝作《梁父吟》。此處指其隱居時。

135

所謂美人者，以花為貌，以鳥為聲，以月為神，以柳為態，以玉為骨，以冰雪為膚，以秋水為姿，以詩詞為心。吾無間然矣❶。

【評　語】

冒辟疆曰：「合古今靈秀之氣，庶幾鑄此一人。」

江含徵曰：「還要有松蘗(ㄅㄛˋ)❷之操才好。」

黃交三曰：「論美人而曰以詩詞為心，真是聞所未聞。」

【注　釋】

❶吾無間然矣：《論語・泰伯》：「禹，吾無間然矣。」意謂我沒有什麼可挑剔的了。

❷蘗：同「檗」，喬木名。即黃檗，也稱黃柏。

136 蠅集人面，蚊嘬人膚，不知以人為何物。

【評　語】

陳康疇曰：「應是頭陀❶轉世，意中但求布施也。」

釋菌人曰：「不堪道破。」

張竹坡曰：「此南華❷精髓也。」

尤悔庵曰：「正以人之血肉，只堪供蠅、蚊咀嚼耳。以我視之，人也。自蠅、蚊視之，何異腥膻臭腐乎！」

陸雲士曰：「集人面者，非蠅而蠅；嘬人膚者，非蚊而蚊。明知其為人也，而集之嘬之，更不知其以人為何物。」

【注　釋】

❶頭陀：指行腳乞食的和尚。

❷南華：《南華經》，即《莊子》。

137 有山林隱逸之樂而不知享者，漁樵也、農圃也、緇黃❶也；

有園亭姬妾之樂而不能享、不善享者，富商也、大僚也。

【評語】

弟木山曰：「有山珍海錯而不能享者，庖人也；有牙籤玉軸❷而不能讀者，蠹魚也、書賈也。」

【注釋】

❶緇黃：和尚穿緇衣，道士戴黃冠，合稱緇黃。代稱僧道。

❷牙籤玉軸：牙製的圖書標籤，玉製的書畫卷軸。代指書籍。

138

黎舉云：欲令梅聘海棠，棖子（想是橙）臣櫻桃，以芥嫁筍，但時不同耳❶。予謂物各有偶，擬必於倫。今之嫁娶，殊覺未當。如梅之為物，品最清高，棠之為物，姿極妖艷，即使同時，亦不可為夫婦。不若梅聘梨花，海棠嫁杏，櫞臣佛手，荔枝臣櫻桃，秋海棠嫁雁來紅，庶幾相稱耳。至若以芥嫁筍，筍如有知，必受河東獅子之累矣。

【評語】

弟木山曰：「余嘗以芍藥為牡丹后，因作賀表一通。兄曾云，但恐芍藥未必肯耳。」

石天外曰：「花神有知，當以花果數升謝蹇修❷矣。」

姜學在曰：「雁來紅做新郎，真個是老少年也。」

【注釋】

❶「黎舉云」句：見唐代馮贄《雲仙雜記》引《金城記》。原文為：「黎舉常云：『欲令梅聘海棠，棖子臣櫻桃，及以芥嫁筍，但恨時不同耳。』」

❷蹇修：媒人的代稱。

139 五色有太過，有不及。惟黑與白無太過。

【評語】

杜茶村曰：「君獨不聞唐有李太白❶乎？」

江含徵曰：「又不聞『元之又元』❷乎？」

尤悔庵曰：「知此道者，其惟弈乎？老子曰：『知其白，守其黑。』❸」

【注　釋】

❶李太白：即李白，字太白。此處借「太白」謔指白色有太過者。

❷元之又元：見《老子道德經》上篇一章。元，本作「玄」，清代避聖祖（玄燁）諱改。本指深奧、神妙。因玄另有黑義，故此處借「玄之又玄」戲指黑色有太過者。

❸知其白，守其黑：見《老子道德經》上篇二十八章。

140

許氏❶《說文》分部，有止有其部而無所屬之字者，下必注云，凡某之屬皆從某。贅句，殊覺可笑。何不省此一句乎？

【評　語】

譚公子曰：「此獨民縣到任告示耳。」

王司直曰：「此亦古史之遺。」

【注　釋】

❶許氏：指許慎。東漢經學家、文字學家。博通經籍，有「五經無雙許叔重」之評。著有《說文解字》。

141 閱《水滸傳》，至魯達打鎮關西、武松打虎，因思人生必有一樁極快意事，方不枉在生一場。即不能有其事，亦須著得一種得意之書，庶幾無憾耳。（如李太白有貴妃捧硯❶事，司馬相如有文君當壚❷事，嚴子陵有足加帝腹❸事，王渙、王昌齡有旗亭畫壁❹事，王子安有順風過江作《滕王閣序》❺事之類。）

【評語】

張竹坡曰：「此等事，必須無意中方做得來。」

陸雲士曰：「心齋所著得意之書頗多，不止一打快活林、一打景陽岡稱快意矣。」

弟木山曰：「兄若打中山狼❻，更極快意。」

【注釋】

❶「李太白有」句：傳說唐玄宗與楊貴妃在沈香亭賞牡丹，召李白作新樂章。李白沉醉，迫高力士拂紙磨墨，楊貴妃捧硯，立成十餘章。

❷「司馬相如有」句：卓文君私奔司馬相如，回到四川。因家貧，又從四川回返臨邛，開酒店賣酒，由文君當壚。

❸「嚴子陵有」句：嚴光，字子陵，東漢會稽餘姚（今屬浙江）人。曾與劉秀同學。劉秀即位後，他改名隱居。

《後漢書・逸民傳・嚴光》記載，劉秀「復引光入，論道舊故，相對累日……因共偃臥，光以足加帝腹上。明日，太史奏客星犯御坐甚急。帝笑曰：『朕故人嚴子陵共臥耳。』

❹「王渙、王昌齡有」句：王渙，即王之渙。王之渙，王昌齡等人在旗亭（酒樓）飲酒，聽歌妓唱在座眾人的詩歌，每唱一首，往壁上劃一下作記號，比賽誰的詩被唱得多。見唐代薛用弱《集異記・王之渙》。

❺「王子安有」句：王子安，即王勃。唐代文學家，字子安。少時即顯露才華。二十七歲往交趾探父。傳說在馬當長江邊，得老船工相助，遇順風，一夜之間即到洪州（今江西南昌），正遇都督閻公九月九日在滕王閣大會賓客，遂即席作《滕王閣序》。全文辭藻華美，對仗工穩，滿座大驚，賓主極為推崇。

❻中山狼：明代馬中錫《中山狼傳》中的角色。戰國時代，趙簡子獵於中山。有狼被逐甚急，遇東敦先生。狼乞求庇護。脫險後，狼恩將仇報，反要吃掉東敦先生。《中山狼傳》揭露了忘恩負義之徒凶險陰狠的本質。

142 春風如酒，夏風如茗，秋風如煙，冬風❶如薑芥。

【評語】

許筠庵曰：「所以秋風客氣味狠辣。」

張竹坡曰：「安得東風夜夜來。」

【注釋】

❶冬風：昭代叢書本《幽夢影》無「冬風」，據鄒弢《三借廬筆談》卷三《幽夢影》引文補。

143 冰裂紋❶極雅，然宜細不宜肥。若以之作窗欄，殊不耐觀也。（冰裂紋須分大小，先作大冰裂，再於每大塊之中作小冰裂方佳）。

【評語】

江含徵曰：「此便是哥窯紋❷也。」

靳熊封曰：「『一片冰心在玉壺』❸，可以移贈。」

【注釋】

❶冰裂紋：瓷器燒製過程中釉層內出現的裂紋，按裂紋的稀密和形狀，分別稱為冰裂紋、魚子紋、蟹爪紋等。古代工匠利用它裝飾瓷器，使之成為某些瓷窯產品的主要紋飾和特徵。

❷哥窯：宋代著名瓷窯之一。傳說南宋時有章姓兄弟二人在龍泉燒造瓷器。兄名生一，所燒者稱哥窯；弟名生二，所燒者稱弟窯。

❸「一片」句：見唐代王昌齡詩《芙蓉樓送辛漸》之一：「洛陽親友如相問，一片冰心在玉壺。」玉壺，玉製的壺。常用以比喻高潔。

144

鳥聲之最佳者，畫眉第一，黃鸝、百舌次之。然黃鸝、百舌世未有籠而畜之者。其殆高士之儔（ㄔㄡˊ），可聞而不可屈者耶。

【評語】

江含徵曰：「又有『打起黃鶯兒』❶者。然則亦有時用他不著。」

陸雲士曰：「『黃鸝住久渾相識，欲別頻啼四五聲。』來去有情，正不必籠而畜之也。」

【注釋】

❶「打起」句：見唐代金昌緒詩《春怨》：「打起黃鶯兒，莫教枝上啼。啼時驚妾夢，不得到遼西。」

145

不治生產，其後必致累人；專務交遊，其後必致累己。

【評　語】

揚聖藻曰：「晨鐘夕磬，發人深省。」

冒巢民曰：「若在我，雖累己累人，亦所不悔。」

宗子發曰：「累己猶可。若累人，則不可矣。」

江含徵曰：「今之人未必肯受你累，還是自家隱些的好。」

146 昔人云：「婦人識字，多致誨淫。」❶予謂此非識字之過也。蓋識字則非無聞之人，其淫也，人易得而知耳。

【評　語】

張竹坡曰：「此名士持身不可不加謹也。」

李若金曰：「貞者識字愈貞，淫者不識字亦淫。」

【注　釋】

❶「昔人云」句：見明代徐學謨《歸有園麈談》：「婦人識字，多致誨淫；俗子通文，終流健訟。」

147

善讀書者，無之而非書。山水亦書也，棋酒亦書也，花月亦書也。善遊山水者，無之而非山水。書史亦山水也，詩酒亦山水也，花月亦山水也。

【評　語】

陳鶴山曰：「此方是真善讀書人，善遊山水人。」

黃交三曰：「善於領會者，當作如是觀。」

江含徵曰：「五更臥被時，有無數山水書籍在眼前胸中。」

尤悔庵曰：「山耶、水耶、書耶，一而二，二而三，三而一者也。」

陸雲士曰：「妙舌如環，真慧業文人❶之語。」

【注　釋】

❶ 慧業文人：《宋書・謝靈運傳》：「太守孟顗事佛精懇，而為靈運所輕，嘗謂顗曰：『得道應須慧業文人，生天當在靈運前，成佛必在靈運後。』顗深恨此言。」慧業，佛教指生來賦有智慧的業緣。

148 園亭之妙，在丘壑布置，不在雕繪瑣屑。往往見人家園亭，屋脊牆頭，雕磚鏤瓦，非不窮極工巧，然未久即壞，壞後極難修葺。是何如樸素之為佳乎！

【評語】

江含徵曰：「世間最令人神愴者，莫如名園雅墅一經頹廢，風臺月榭埋沒荊棘。故昔之賢達有不欲置別業者。予嘗過琴虞留題名園句有云：『而今綺砌雕闌在，剩與園丁作業錢。』蓋傷之也。」

弟木山曰：「予嘗悟作園亭與作光棍二法：園亭之善在多迴廊，光棍之惡在能詰訟。」

149 清宵獨坐，邀月言愁；良夜孤眠，呼蛩語恨。

【評語】

袁士旦曰：「令我百端交集。」

黃孔植曰：「此逆旅無聊之況，心齋亦知之乎？」

150 官聲采於輿論，豪右之口與寒乞之口俱不得其真；花案❶定於成心❷，艷媚之評與寢陋❸之評，概恐失其實。

【評　語】

黃九煙曰：「先師有言：『不如鄉人之善者好之，其不善者惡之。』❹。

李若金曰：「豪右而不講分上❺，寒乞而不望推恩者，亦未嘗無公論。」

倪永清曰：「我謂眾人唾罵者，其人必有可觀。」

【注　釋】

❶花案：指涉及色情、姦淫的事件。

❷成心：指公平無私之心。

❸寢陋：指容貌醜陋的女人。

❹「不如鄉人」句：見《論語‧子路》。

❺分上：情分、情面。

151 胸藏丘壑，城市不異山林；興寄煙霞，閻浮❶有如蓬島❷。

【注　釋】

❶閻浮：梵語，樹名。此處應作閻浮提。提即「提鞞波」之略，譯為洲。洲上閻浮樹最多，故稱。閻浮提指東方諸國。此借指人世間。

❷蓬島：神仙居住的海島。參見120則注❶。

152 梧桐為植物中清品，而形家❶獨忌之甚。且謂梧桐大如斗，主人往外走。若竟視為不祥之物也者。夫剪桐封弟❷，其為宮中之桐可知。而卜世❸最久者莫過於周。俗言之不足據，類如此夫。

【評　語】

江含徵曰：「愛碧梧者遂艱於白鏹❹，造物蓋忌之，故靳❺之也，有何吉凶休咎之可關？只是打秋風時光棍樣可厭耳。」

尤悔庵曰：「『梧桐生矣，于彼朝陽。』❻《詩》言之矣。」

倪永清曰：「心齋為梧桐雪千古之奇冤，百卉俱當九頓。」

【注釋】

❶形家：即堪輿家。以其為人選擇宅、墓須相度地形，故名。

❷剪桐封弟：周成王與弟弟叔虞開玩笑，剪一張桐葉封給他。史佚（一說周公）認為天子無戲言。於是封叔虞於唐。

❸卜世：以占卜測定的傳國世數。

❹白鏹：即白銀。

❺靳：不予。

❻「梧桐」句：見《詩・大雅・卷阿》。

153 多情者不以生死易心，好飲者不以寒暑改量，喜讀書者不以忙閒作輟。

【評語】

朱其恭曰：「此三言者，皆是心齋自為寫照。」

王司直曰：「我願飲酒讀《離騷》，至死方輟，何如？」

154

蛛為蝶之敵國，驢為馬之附庸。

【評語】

周星遠曰：「妙論解頤。不數晉人危語隱語。」

黃交三曰：「自開闢以來，未聞有此奇論。」

155

立品須發乎宋人之道學，涉世須參以晉代之風流。

【評語】

方寶臣曰：「真道學，未有不風流者。」

張竹坡曰：「夫子自道也。」
胡靜夫曰：「予贈金陵前輩趙容庵句云：『文章鼎立莊騷外，杖履風流晉宋間。』今當移贈山老。」
倪永清曰：「等閒地位，卻是個雙料聖人。」
陸雲士曰：「有不風流之道學，有風流之道學，有不道學之風流，有道學之風流，毫釐千里。」

156 古謂禽獸亦知人倫。予謂非獨禽獸也，即草木亦復有之。牡丹為王，芍藥為相，其君臣也❶。南山之喬，北山之梓，其父子也❷。荊之聞分而枯，聞不分而活，其兄弟也❸。蓮之並蒂，其夫婦也。蘭之同心，其朋友也❹。

【評語】
江含徵曰：「綱常倫理，今日幾於掃地，合向花木鳥獸中求之。」又曰：「心齋不喜迂腐，此卻有腐氣。」

【注釋】

❶「牡丹為王」句：明代李時珍《本草綱目・草部・牡丹》：「群花品中，以牡丹第一，芍藥第二。故世謂牡丹為花王，芍藥為花相。」

❷「南山之喬」句：《尚書大傳・周傳・梓材》：「商子曰：『南山之陽有木焉，名喬。』二三子往觀之，見喬實高高然而上，反以告商子。商子曰：『喬者，父道也；南山之陰有木焉，名梓。』二三子復往觀焉，見梓實晉晉然而俯，反以告商子。商子曰：『梓者，子道也。』」後以喬梓比喻父與子。

❸「荊之聞分而枯」句：南朝梁代吳均《續齊諧記》：「京兆田真兄弟三人共議分財，生貲皆平均，惟堂前一株紫荊樹，共議欲破三片，明日就截之。其樹即枯死，狀如火然。真往見之，大驚，謂諸弟曰：『樹木同株，聞將分斫，所以顦顇，是人不如木也。』因悲不自勝，不復解樹。樹應聲榮茂。兄弟相感，合財寶，遂為孝門。」後世以「紫荊花」稱譽兄弟同居不分家。

❹「蘭之同心」句：見《易・繫辭上》：「同心之言，其臭如蘭。」

157 豪傑易於聖賢，文人多於才子。

【評語】

張竹坡曰：「豪傑不能為聖賢，聖賢未有不豪傑。文人、才子亦然。」

158 牛與馬，一仕而一隱也；鹿與豕，一仙而一凡也。

【評語】

杜茶村曰：「田單之火牛❶亦曾效力疆場，至馬之隱者則絕無之矣。若武王歸馬於華山之陽❷，所謂勒令致仕者也。」

張竹坡曰：「諺云❸：莫與兒孫作馬牛。蓋為後人審出處語也。」

【注釋】

❶「田單之火牛」句：田單，戰國時齊將。齊燕作戰，他繫灌油葦把於牛尾，以火燒葦把，縱牛擊燕軍，大獲全勝。見《史記‧田單列傳》。

❷「武王歸馬」句：武王，即周武王。他聯合庸、蜀、羌、髳、微、盧、彭、濮等族，率軍東攻，於牧野大勝，滅商，建立西周王朝。建國後，「縱馬於華山之陽，放牛於桃林之虛；偃干戈，攄兵釋旅：示天下不復用也。」見《史記‧周本紀》。

❸諺云：據清刊本補。

159 古今至文，皆血淚所成。

【評語】

吳晴巖曰：「山老《清淚痕》一書，細看皆是血淚。」

江含徵曰：「古今惡文亦純是血。」

160 情之一字，所以維持世界；才之一字，所以粉飾乾坤。

【評語】

吳雨若曰：「世界原從情字生出：有夫婦然後有父子，有父子然後有兄弟，有兄弟然後有朋友，有朋友然後有君臣。」

釋中洲曰：「情與才，缺一不可。」

161 孔子生於東魯，東者生方❶，故禮樂文章，其道皆自無而有；釋迦❷生於西方，西者死地，故受想行識❸，其教皆自有而死。

【評語】

吳街南曰：「佛遊東土，佛入生方。人望西天，豈知是尋死地。嗚乎！西方之人兮之死靡他。」

殷日戒曰：「孔子只勉人生時用功，佛氏只教人死時作主，各自一意。」

倪永清曰：「盤古生於天心，故其人在不有不無之間。」

【注釋】

❶生方：賦予生命的方位、地域。

❷釋迦：即釋迦牟尼。佛教始祖。

❸受想行識：佛教指「色受想行識」為五蘊。認為人身並無一個自我實體，只是下列五種東西集合而成：(1)色蘊：指組成身體的物質；(2)受蘊：指隨感官生起的苦，樂、憂、喜等感情；(3)想蘊：指意象作用；(4)行蘊，指意志活動等；(5)識蘊：指意識。

162 有青山方有綠水，水惟借色於山；有美酒便有佳詩，詩亦乞靈於酒。

【評　語】

李聖許曰：「有青山綠水，乃可酌美酒而詠佳詩。是詩酒又發端於山水也。」

163 嚴君平以卜講學者也❶，孫思邈以醫講學者也❷，諸葛武侯以出師講學者也❸。

【評　語】

殷日戒曰：「心齋殆又以《幽夢影》講學者耶。」

戴田友曰：「如此講學，才可稱道學先生。」

【注　釋】

❶「嚴君平以卜」句：嚴君平，西漢隱士。漢成帝時，卜筮於成都，日得百錢，即閉門讀《老子》，著書十萬餘言。他不願做官，為文學家楊雄所敬重。著有《道德真經指歸》。

❷「孫思邈以醫」句：孫思邈，唐代醫學家。他對醫學深有研究，並博涉經史百家學術，兼通佛典。著有《千金要方》、《千金翼方》。

❸「諸葛武侯以出師」句：諸葛武侯，即諸葛亮。三國蜀漢政治家、軍事家。有前後《出師表》。

164 人則女美於男，禽則雄華於雌，獸則牝牡無分者也。

【評　語】

杜于皇曰：「人亦有男美於女者。此尚非確論。」

徐松之曰：「此是茶村興到之言，亦非定論。」

165 鏡不幸而遇嫫(ㄇㄛˊ)母❶，硯不幸而遇俗子，劍不幸而遇庸將，皆無可奈何之事。

【評　語】

楊聖藻曰：「凡不幸者，皆可以此概之。」

閔賓連曰：「心齋案頭無一佳硯，然詩文絕無一點塵俗氣，此又硯之大幸也。」

曹沖谷曰：「最無可奈何者，佳人定隨癡漢。」

【注　釋】

❶嫫母：古代醜婦。傳說她是黃帝之妃。

166 天下無書則已，有則必當讀；無酒則已，有則必當飲；無名山則已，有則必當遊；無花月則已，有則必當賞玩；無才子佳人則已，有則必當愛慕憐惜。

【評　語】

弟木山曰：「談何容易。即吾家黃山，幾能得一到耶？」

167 秋蟲春鳥，尚能調聲弄舌，時吐好音。我輩搦（ㄋㄨㄛˋ）管拈毫，豈可甘作鴉鳴牛喘？

【評　語】

吳園次曰：「牛若不喘，宰相安肯問之❶？」

張竹坡曰：「宰相不問科律而問牛喘，真是文章司命❷。」

倪永清曰：「世皆以鴉鳴牛喘為鳳歌鸞唱，奈何？」

【注釋】

❶「牛若不喘」句：《漢書・丙吉傳》：「吉又嘗出，逢清道群鬥者，死傷橫道。吉過之不問，掾吏猶怪之。吉前行，逢人逐牛，牛喘吐舌。吉止駐，使騎吏問：『逐牛行幾里矣？』掾吏獨謂丞相前後失問，或以譏吉。吉曰：『民鬥相殺傷，長安令、京兆尹職所當禁備逐捕……方春少陽用事，未可大熱，恐牛近行用暑故喘，此時氣失節，恐有所傷害也。三公典調和陰陽，職當憂，是以問之。』」

❷司命：《禮記・祭法》稱宮中所祀的小神中有司命，《風俗通義・祀典》稱民間所祀的小神中有司命。後轉指主宰命運者。

168

媸顏陋質，不與鏡為仇者，亦以鏡為無知之死物耳。使鏡而有知，必遭撲破矣。

【評語】

江含徵曰：「鏡而有知，遇若輩，早已迴避矣。」

張竹坡曰：「鏡而有知，必當化媸為妍。」

169 吾家公藝❶，恃百忍以同居，千古傳為美談。殊不知，忍而至於百，則其家庭乖戾睽隔之處，正未易更僕數❷也。

【評　語】

江含徵曰：「然除了一忍，更無別法。」

顧天石曰：「心齋此論，先得我心。忍以治家可耳。奈何進之高宗，使忍以養成武氏之禍哉。」

倪永清曰：「若用忍字，則百猶嫌少。否則以劍字處之足矣。或曰出家二字足以處之。」

王安節曰：「惟其乖戾睽隔，是以要忍。」

【注　釋】

❶ 公藝：張公藝，唐代壽張（今山東陽谷）人。九世同居。麟德中，唐高宗封泰山，路經壽張，親幸其宅，問其義由。公藝書「忍」字百餘以進。

❷ 未易更僕數：《禮記・儒行》：「孔子對曰：『遽數之，不能終其物，悉數之乃留，更僕未可終也。』」鄭玄注：「遽，猶卒也。物，猶事也。留，久也。僕，大僕也。君燕朝則正位，掌擯相；更之者，為久將倦，使之相代。」後以「更僕難數」形容事情多得不可勝數。

170 九世同居❶，誠為盛事，然止當與割股廬墓❷者作一例看。可以為難矣，不可以為法也。以其非中庸之道也。

【評語】

洪去蕪曰：「古人原有父子異官之說。」

沈契掌曰：「必居天下之廣居而後可。」

【注釋】

❶九世同居：參見前則注❶。

❷割股廬墓：割股，割下自己的股肉，治療父母的重病。廬墓，父母或老師死後，服喪期間，在墓旁搭蓋小屋居住，守護墳墓。《宋史・選舉制一》：「上以孝取人，則勇者割股，怯者廬墓。」

171 作文之法，意之曲折者，宜寫之以顯淺之詞；理之顯淺者，宜運之以曲折之筆。題之熟者，參之以新奇之想；題之庸者，深之以關係之論。至於窘者舒之使長，縟者刪之使簡，俚者文之使雅，鬧者攝之使靜，皆所謂裁製也。

【評　語】

陳康疇曰：「深得作文三昧語。」

張竹坡曰：「所謂節制之師。」

王丹麓曰：「文家祕旨和盤托出，有功作者不淺。」

172　筍為蔬中尤物，荔枝為果中尤物，蟹為水族中尤物，酒為飲食中尤物，月為天文中尤物，西湖為山水中尤物，詞曲為文字中尤物。

【評　語】

張南村曰：「《幽夢影》可為書中尤物。」

陳鶴山曰：「此一則又為《幽夢影》中尤物。」

173 買得一本好花，猶且愛護而憐惜之，矧❶其為解語花❷乎？

【評　語】

周星遠曰：「性至之語。自是君身有仙骨，世人那得知其故耶？」

石天外曰：「此一副心，令我念佛數聲。」

李若金曰：「花能解語，而落於粗惡武夫，或遭獅吼戕賊，雖欲愛護，何可得？」

王司直曰：「此言是惻隱之心，即是是非之心。」

【注　釋】

❶矧：況。

❷解語花：參見33則注❶。

174 觀手中便面❶，足以知其人之雅俗，足以識其人之交遊。

【評　語】

李聖許曰：「今人以筆資丐名人書畫，名人何嘗與之交遊。吾知其手中便面雖雅，而其人則俗甚也。心齋此條，猶非定論。」

畢嵎谷曰：「人苟肯以筆資丐名人書畫，則其人猶有雅道存焉。世固有並不愛此道者。」

錢目天曰：「二說皆然。」

【注釋】

❶便面：《漢書・張敞傳》：「自以便面拊馬。」顏師古注：「便面，所以障面，蓋扇之類也。不欲見人，以此自障面，則得其便，故曰便面，亦曰屏面。」後泛指扇面。

175

水為至污之所會歸，火為至污之所不到。若變不潔為至潔，則水火皆然。

【評語】

江含徵曰：「世間之物，宜投諸水火者不少，蓋喜其變也。」

176 貌有醜而可觀者，有雖不醜而不足觀者；文有不通而可愛者，有雖通而極可厭者。此未易與淺人道也。

【評語】

陳康疇曰：「相馬於牝牡驪黃❶之外者得之矣。」

李若金曰：「究竟可觀者必有奇怪處，可愛者必無大不通。」

梅雪坪曰：「雖通而可厭，便可謂之不通。」

【注釋】

❶驪黃：純黑色和赤黃色的馬。《詩・魯頌・駉》：「有驪有黃。」毛傳：「純黑曰驪，黃騂曰黃。」

177 遊玩山水，亦復有緣。苟機緣未至，則雖近在數十里之內，亦無暇到也。

【評語】

張南村曰：「予晤心齋時，詢其曾遊黃山否。心齋對以未遊。當是機緣未至耳。」

陸雲士曰：「余慕心齋者十年，今戊寅之冬始得一面。身到黃山恨其晚，而正未晚也。」

178

「貧而無諂，富而無驕」❶，古人之所賢也；貧而無驕，富而無諂，今人之所少也。足以知世風之降矣。

【評　語】

許來庵曰：「戰國時已有貧賤驕人❷之說矣。」

張竹坡曰：「有一人一時而對此諂、對彼驕者更難。」

【注　釋】

❶「貧而」句：見《論語・學而》：「子貢曰：『貧而無諂，富而無驕，何如？』子曰：『可也。未若貧而樂，富而好禮者也。』」

❷貧賤驕人：貧賤中的賢人以自己的貧賤為驕傲，表示對富貴顯達者的蔑視。《史記・魏世家》：『子擊逢文侯之師田子方於朝歌，引車避，下謁。田子方不為禮。子擊因問曰：「富貴者驕人乎？且貧賤者驕人乎？」子方曰：『亦貧賤者驕人耳！』」

179 昔人欲以十年讀書、十年遊山、十年檢藏。予謂檢藏盡可不必十年，只二三載足矣。若讀書與遊山，雖或相倍蓰，恐亦不足以償所願也。必也，如黃九煙❶前輩之所云：人生必三百歲而後可乎。

【評　語】

江含徵曰：「昔賢原謂盡則安能，但身到處莫放過耳。」

孫松坪曰：「吾鄉李長蘅先生愛湖上諸山，有「每個峰頭住一年」之句。然則黃九煙先生所云，猶恨其少。」

張竹坡曰：「今日想來，彭祖❷反不如馬遷❸。」

【注　釋】

❶黃九煙：見19則注❶。

❷彭祖：神話中的人物。生於夏代，至殷末時已七六七歲（一說八百歲）。舊時以彭祖為長壽的象徵。

❸馬遷：即司馬遷。

180 寧為小人之所罵，毋為君子之所鄙；寧為盲主司❶之所擯（ㄅㄧㄣˋ）棄，毋為諸名宿❷之所不知。

【評語】

陳康疇曰：「世之人自今以後，慎毋罵心齋也。」

江含徵曰：「不獨罵也，即打亦無妨。但恐雞肋不足以安尊拳❸耳。」

張竹坡曰：「後二句足少平吾恨。」

李若金曰：「不為小人所罵，便是鄉愿❹；若為君子所鄙，斷非佳士。」

【注釋】

❶主司：科舉考試的主試官。

❷名宿：指有名望的學者。

❸雞肋不足以安尊拳：《晉書・劉伶傳》：「嘗醉，與俗人相忤，其人攘袂奮拳而往。伶徐曰：『雞肋不足以安尊拳。』」雞肋，比喻瘦弱的身體。

❹鄉愿：指鄉里中言行不符，偽善欺世的人。《論語・陽貨》：「鄉原，德之賊也。」原同「愿」。後引申指識見簡陋、膽小無能的人。

181 傲骨不可無，傲心不可有。

【評語】

吳街南曰：「立君子之側，骨亦不可傲；當鄙夫之前，心亦不可不傲。」

石天外曰：「道學之言，才人之筆。」

龐筆奴曰：「現身說法，真實妙諦。」

182 蟬為蟲中之夷齊❶，蜂為蟲中之管晏❷。

【評語】

崔青峙曰：「心齋可謂蟲中之董狐❸。」

吳鏡秋曰：「蚊是蟲中酷吏，蠅是蟲中遊客。」

【注釋】

❶夷齊：伯夷和叔齊。舊時高尚守節的典型。參見80則注❸。

❷管晏：管仲和晏嬰，都是春秋時齊國名相。管仲在齊進行改革，使齊國國力大振。幫助齊桓公以「尊王攘夷」相

號召，使之成為春秋第一個霸主。晏嬰，在其父晏弱死後，繼任齊卿，歷仕靈公、莊公、景公三世。以節儉力行，名顯諸侯。後人稱他們是傑出的政治家和謀士。

❸ 董狐：春秋時晉國史官。亦稱史狐。晉靈公十四年，晉卿趙盾因避靈公殺害而出走。未出境，其族人趙穿殺靈公。董狐認為責在趙盾，因在史策上寫道：「趙盾弒其君。」孔子稱其為古之良史。後世因以董狐為直書不諱之良史的代稱。

183 曰癡、曰愚、曰拙、曰狂，皆非好字面，而人每樂居之；曰姦、曰黠、曰強、曰佞，反是，而人每不樂居之，何也？

【評語】

江含徵曰：「有其名者無其實，有其實者避其名。」

184 唐虞❶之際，音樂可感鳥獸。此蓋唐虞之鳥獸，故可感耳。若後世之鳥獸，恐未必然。

【評語】

洪去蕪曰：「然則鳥獸亦隨世道為升降耶？」

陳康疇曰：「後世之鳥獸，應是後世之人所化身，即不無升降，正未可知。」

石天外曰：「鳥獸自是可感，但無唐虞音樂耳。」

畢右萬曰：「後世之鳥獸與唐虞無異，但後世之人迥不同耳。」

【注釋】

❶唐虞：堯（陶唐氏）和舜（有虞氏）都是古代部落聯盟之領袖。古人以唐虞時期為太平盛世。

185

痛可忍而癢不可忍；苦可耐而酸不可耐。

【評語】

陳康疇曰：「余見酸子偏不耐苦。」

張竹坡曰：「是痛癢關心語。」

余香祖曰：「癢不可忍，須倩❶麻姑搔背❷。」

【注　釋】

❶ 倩：請。

❷ 麻姑搔背：《神仙傳・麻姑》：「麻姑鳥爪。蔡經見之，心中念言，背太癢時，得此爪爬背當佳。王方平已知經心中所念，即使人牽經鞭之，謂曰：『麻姑，神人也，汝何思謂爪可以爬背耶？』」

186 鏡中之影，著色人物也；月下之影，寫意❶人物也。鏡中之影，鉤邊畫❷也；月下之影，沒骨畫❸也。月中山河之影，天文中地理也；水中星月之象，地理中天文也。

【評　語】

惲叔子曰：「繪空鏤影之筆。」

石天外曰：「此種著色、寫意，能令古今善畫人一齊閣筆。」

沈契掌曰：「好影子俱被心齋先生畫著。」

【注　釋】

❶ 寫意：中國畫中屬於縱放一類的畫法。通過簡練的筆墨，鉤勒物象的形神，表達作者的意境。

❷鉤邊畫：中國畫技法名。用線條鉤描物象輪廓，鉤勒後填著色彩。

❸沒骨畫：中國畫技法名。不用墨線鉤勒，直接以彩色描繪物象。

187 能讀無字之書，方可得驚人妙句；能會難通之解，方可參最上禪機。

【評語】

黃交三曰：「山老之學，從悟而入，故常有徹天徹地之言。」

釋牧堂曰：「驚人之句，從外而得者；最上之禪，從內而悟者。山翁再來人，內外合一耳。」

❶

胡會來曰：「從無字處著書，已得驚人，於難通處著解，既參最上，其《幽夢影》乎！」❷

【注釋】

❶❷：此二則評語，據清刊本補。

188 若無詩酒，則山水為具文；若無佳麗，則花月皆虛設。

【評語】

卓子任曰：「詩人酒客，以及佳麗，乃山川靈秀之氣孕毓而成者。」❶

【注釋】

❶ 此則評語，據清刊本補。

189 才子而美姿容，佳人而工著作，斷不能永年者，非獨為造物之所忌。蓋此種原不獨為一時之寶，乃古今萬世之寶，故不欲久留人世以取褻（ㄒㄧㄝ）耳。

【評語】

鄭破水曰：「千古傷心，同聲一哭。」

王司直曰：「千古傷心者，讀此可以不哭矣。」

190 陳平❶封曲逆❷侯，史、漢注皆云：音去遇。予謂此是北人土音耳。若南人四音俱全，似仍當讀作本音為是。（北人於唱曲之曲，亦讀如去字。）

【評語】

孫松坪曰：「曲逆，今完縣也，眾水瀠（ㄧㄥˊ）洄，勢曲而流逆。予嘗為土人訂之，心齋重發吾覆矣。」

【注釋】

❶陳平：漢初陽武（今河南原陽東南）人。漢朝建立，封曲逆侯。惠帝時任丞相。呂后死，他與周勃定計，誅殺呂產、呂祿等，迎立文帝，任丞相。

❷曲逆：古縣名，秦置，以曲逆水（今曲逆河）得名。治所在今河北完縣東南。

191 古人四聲俱備。如六、國二字，皆入聲也。今梨園演蘇秦❶劇，必讀六為溜，讀國為鬼，從無讀入聲者。然考之《詩經》，如「良馬六之」❷、「無衣六兮」❸之類，皆不與去聲叶（ㄒㄧㄝˊ）❹，而叶祝、告、燠、國字；皆不與上聲叶，而叶入陌、質韻。則是古人似亦有入聲，未必盡讀六為溜，讀國為鬼也。

【評　語】

弟木山曰：「梨園演蘇秦，原不盡讀六、國為溜、鬼，大抵以曲調為別。若曲是南調，則仍讀入聲也。」

【注　釋】

❶蘇秦：字季子。戰國時東周洛陽（今河南洛陽東）人。游說燕、趙、韓、魏、齊、楚六國，合縱抗秦，佩六國相印，為縱約之長。後縱約為張儀所破，死於齊。

❷良馬六之：見《詩・鄘風・干旄》。

❸無衣六兮：《詩・唐風・無衣》：「豈曰無衣，六兮。」

❹叶：叶韻。南北朝時代，有些學者因按照當時的語音讀《詩經》，感到許多詩句韻不和諧，便以為作品中某些韻須臨時改讀某音，稱為叶韻。宋代人提出「古韻通轉，不煩改字」之說。清代對古音研究逐漸精確，叶韻之說遂隨之廢除。

192 閒人之硯，固欲其佳，而忙人之硯，尤不可不佳；娛情之妾，固欲其美，而廣嗣之妾，亦不可不美。

【評語】

江含徵曰：「硯天下墨可也。妾美招妒，奈何？」

張竹坡曰：「妒在妾，不在美。」

193 如何是獨樂樂❶？曰：鼓琴。如何是與人樂樂？曰：弈棋。如何是與眾樂樂？曰：馬吊❷。

【評語】

蔡鉉升曰：「獨樂樂、與人樂樂，孰樂？曰：不若與人。與少樂樂、與眾樂樂，孰樂？曰：不若與少。」

王丹麓曰：「我與蔡君異，獨畏人為鬼陣，見則必亂其局而後已。」

【注釋】

❶獨樂樂：與下文「與人樂樂」、「與眾樂樂」、「與少樂樂」，見《孟子‧梁惠王下》。原文前一「樂」指（欣賞）音樂，後一「樂」指快樂。此處前一「樂」指玩樂，後一「樂」指快樂。

❷馬吊：古代紙牌名。

194 不待教而為善為惡者，胎生❶也；必待教而後為善為惡者，卵生也；偶因一事之感觸，而突然為善為惡者，濕生也（如周處❷、戴淵❸之改過，李懷光❹反叛之類）；前後判若兩截，究非一日之故者，化生也（如唐元宗❺、衛武公❻之類）。

【評語】

王宓草曰：「有教亦不善者，又在胎卵濕化之外。」❼

龐天池曰：「不教而為惡，教之而不為善者，畜生也。」❽

王勿齋曰：「一教即善者，順生也，所謂人之生也直是也。若橫生逆產，徒費穩婆氣力耳。」

❾

【注　釋】

❶胎生：佛教有「四生」的說法，把世界眾生的出生形態分為四種類型。(1)胎生：從母胎而生，如人和其他哺乳動物；(2)卵生：從卵而生，如鳥類；(3)濕生：從濕氣而生，如蟲類；(4)化生：無所依托，藉業而出現者，如諸天神、餓鬼及地獄中的受苦者。

❷周處：字子隱。西晉義興陽羨（今江蘇宜興）人。相傳少時橫行鄉里，父老把他和蛟、虎合稱「三害」。後斬蛟射虎，發憤改過。

❸戴淵：字若思。晉廣陵（今江蘇揚州）人。少好遊俠，不拘操行。曾聚眾掠奪陸機所乘之船。經陸機訓導，改過自新。

❹李懷光：唐代靺鞨人。本姓茹。父常徙幽州，為朔方部將，賜姓李。唐德宗時，以戰功封都虞侯。後反叛，被部將殺害。

❺唐元宗：即唐玄宗李隆基，一稱唐明皇。即位初期，任用姚崇、宋璟為相，整頓武周以來的弊政，社會經濟發展迅速，史家譽為「開元之治」。後期任用李林甫、楊國忠等執政，官吏貪黷，政治腐敗。

❻衛武公：名和，春秋時衛國國君。即位後，修康叔之政，百姓和集。犬戎殺周幽王，武公率兵佐周平戎，甚有功，周平王命為公。

❼❽❾：此三則評語，據清刊本補。

195 凡物皆以形用。其以神用者，則鏡也、符印也、日晷（ㄍㄨㄟˇ）也、指南針也。

【評語】

袁中江曰：「凡人皆以形用。其以神用者，聖賢也、仙也、佛也。」

黃虞外士曰：「凡物之用皆形，而其所以然者神也。鏡凸凹而易其肥瘦，符印以專一而主其神機，日晷以恰當而定準則，指南以靈動而活其針縫，是皆神而明之，存乎人矣。」

196 才子遇才子，每有憐才之心；美人遇美人，必無惜美之意。我願來世託生為絕代佳人，一反其局而後快。

【評語】

陳鶴山曰：「諺云：『鮑老當筵笑郭郎，笑他舞袖大郎當。若教鮑老當筵舞，轉更郎當舞袖長。』則為之奈何？」

鄭蕃修曰：「俟心齋來世為佳人時再議。」

余湘客曰：「古亦有我見猶憐者。」

倪永清曰：「再來時，不可忘卻。」

予嘗欲建一無遮大會❶，一祭歷代才子，一祭歷代佳人。俟遇有真正高僧，即當為之。

【評語】

顧天石曰：「君若果有此盛舉，請遲至二三十年之後，則我亦可以拜領盛情也。」

釋中洲曰：「我是真正高僧，請即為之何如？不然，則此二種沉魂滯魄何日而得解脫耶？」

江含徵曰：「折柬❷雖具，而未有定期，則才子佳人亦復怨聲載道。」又曰：「我恐非才子而冒為才子，非佳人而冒為佳人，雖有十萬八千母陀羅臂❸，亦不能具香廚法膳也。心齋以為然否？」

釋遠峰曰：「中洲和尚不得奪我施主。」

【注釋】

❶無遮大會：以布施僧俗為主的大齋會。無遮，無所遮攔，謂不分貴賤、僧俗、智愚、善惡，平等看待。

❷折柬：也作折簡。即書信。

❸母陀羅臂：指佛的心印或佛法。《楞嚴經》六：「故我能現眾多妙容，能說無邊祕密神咒。其中或現一首三首……乃至一百八臂，千臂萬臂，八萬四千母陀羅臂。」

198

聖賢者，天地之替身。

【評語】

石天外曰：「此語大有功名教，敢不伏地拜倒。」

張竹坡曰：「聖賢者，乾坤之幫手。」

199

天極不難做，只須生仁人君子有才德者二三十人足矣。君一、相一、冢宰❶一，及諸路總制撫軍是也。

【評　語】

黃九煙曰：「吳歌有云：做天切莫做四月天。可見天亦有難做之時。」

江含徵曰：「天若好做，又不須女媧氏補之。」

尤謹庸曰：「天不做天，只是做夢。奈何？奈何？」

倪永清曰：「天若都生善人，君、相皆當袖手，便可無為而治。」

陸雲士曰：「極誕極奇之話，極真極確之話。」

【注　釋】

❶冢宰：周代官名，為六卿之首。後來稱吏部尚書為冢宰。

200

擲升官圖❶，所重在德，所忌在贓。何一登仕版❷，輒與之相反耶？

【評　語】

江含徵曰：「所重在德，不過是要贏幾文錢耳。」

沈契掌曰：「仕版原與紙版不同。」

【注　釋】

❶升官圖：古代博戲器具。列大小官位於紙上，另擲骰子，計點數彩色以定升降。

❷仕版：官吏的名冊。

201 動物中有三教焉。蛟龍麟鳳之屬，近於儒者也；猿狐鶴鹿之屬，近乎仙者也；獅子牯(ㄍㄨˇ)牛之屬，近於釋者也。植物中有三教焉。竹梧蘭蕙之屬，近於儒者也；蟠桃老桂之屬，近於仙者也；蓮花薝蔔之屬，近於釋者也。

【評　語】

顧天石曰：「請高唱《西廂》，一句一個通徹三教九流。」

石天外曰：「眾人碌碌，動物中蜉蝣而已；世人崢嶸，植物中荊棘而已。」

202 佛氏云：日月在須彌山❶腰。果爾，則日月必是繞山橫行而後可。苟有升有降，必為山所礙矣。又云：地上有阿耨(ㄋㄡˋ)達池❷，其水四出，流入諸印度。又云：地輪之下有水輪，水輪之下為風輪，風輪之下為空輪❸。余謂此皆喻言人身也。須彌山喻人首，日月喻兩目，池水四出喻血脈流通，地輪喻此身，水為便溺，風為泄氣❹。此下則無物矣。

【評語】

釋遠峰曰：「卻被此公道破。」

畢右萬曰：「乾坤交後有三股大氣，一呼吸、二盤旋、三升降。呼吸之氣在八卦為震巽，在天地為風雷、為海潮，在人身為鼻息。盤旋之氣在八卦為坎離，在天地為日月，在人身為兩目，為指尖、髮頂、羅紋，在草木為樹節、蕉心。升降之氣在八卦為艮兌，在天地為山澤，在人身為髓液、便溺，為頭顱、肚腹，在草木為花葉之萌蘖，為樹梢之向天，樹根之入地。知此而寓言之出於二氏者，皆可類推而悟。」

【注 釋】

❶須彌山：印度神話中的山名，佛教亦採用。山高八萬四千由旬（古印度計量單位，帝王一日行軍之路程為一由旬）。日月環繞此山迴旋出沒，三界諸天也依之層層建立。四方有東勝神、南贍部、西牛貨、北俱盧四個洲。

❷阿耨達池：湖名。在今西藏西南部普蘭縣境。《大唐西域記・玄奘序》記：阿那婆答多池（阿耨達池）在香山之南，大雪山之北，周圍八百里，為殑伽、信度、縛芻、徙多四河所自出。

❸「地輪之下為水輪」句：地輪之下應為金輪。佛教認為世界最底下是風輪，依止虛空（空輪）。風輪之上有水輪，水輪之上有金輪，金輪之上安置九山八海，是為地輪。

❹泄氣：指放屁。

203 蘇東坡和陶詩尚遺數十首，予嘗欲集坡句❶以補之，苦於韻之弗備而止。如《責子》詩中「不識六與七」，「但覓梨與栗」，七字、栗字皆無韻也。

【評 語】

王司直曰：「余亦常有此想，每以為平生憾事，不謂竟有同心。今彼可以無憾，但憾蘇老耳。」

❷ 龐天池曰：「心齋有煉石補天手段，乃以七、栗無韻缺陶詩，甚矣，文法之困人也。」❸

【注釋】

❶ 集坡句：我國古代有集和詩，截取前人一代、一家或數家的詩句，拼集而成一詩。此處指取蘇東坡詩句，拼集成和陶詩。

❷❸ 此二則評語，據清刊本補。

204 予嘗偶得句，亦殊可喜。惜無佳對，遂未成詩。其一為：「枯葉帶蟲飛」，其一為「鄉月大於城」。姑存之以俟異日。

【評語】

王司直曰：「古人全詩每一句兩句而傳者，後人誦之不已。既有此一句兩句，何必復增。」❶

【注釋】

❶ 此則評語，據清刊本補。

205

「空山無人，水流花開」❶二句，極琴心❷之妙境，「勝固欣然，敗亦可喜」❸二句，極手談❹之妙境；「帆隨湘轉，望衡九面」❺二句，極泛舟之妙境；「胡然而天，胡然而帝」❻二句，極美人之妙境。

【評語】

曹沖谷曰：「一味妙悟。」❼
王司直曰：「登山泛舟望美，此語妙境之妙。」❽

【注釋】

❶「空山無人」句：見蘇軾《十八大羅漢頌》
❷琴心：彈琴奏曲之心。
❸「勝固欣然」句：見蘇軾《觀棋》詩。
❹手談：下圍棋。
❺「帆隨湘轉」句，見北魏酈道元《水經注．湘水》。
❻「胡然而天」句，見《詩．鄘風．君子偕老》：「胡然而天，胡然而帝也。」
❼❽此二則評語，據清刊本補。

206 鏡與水之影，所受者也；日與燈之影，所施者也。月之有影，則在天者為受，而在地者為施也。

【評　語】

鄭破水曰：「受、施二字，深得陰陽之理。」

龐天池曰：「幽夢之影，在心齋為施，在筆奴為受。」

207 水之為聲有四：有瀑布聲，有流泉聲，有灘聲，有溝澮(ㄎㄨㄞˋ)聲。風之為聲有三：有松濤聲，有秋葉聲，有波浪聲。雨之為聲有二：有梧葉、荷葉上聲，有承簷溜竹筒中聲。

【評　語】

弟木山曰：「數聲之中，惟水聲最為可厭。以其無已時，甚聒(ㄍㄨㄚ)人耳也。」

208

文人每好鄙薄富人。然於詩文之佳者，又往往以金玉、珠璣、錦繡譽之，則又何也？

【評語】

陳鶴山曰：「猶之富貴家張山臞野老、落木荒村之畫耳。」

江含徵曰：「富人嫌其慳且俗耳，非嫌其珠玉文繡也。」

張竹坡曰：「不文雖窮可鄙，能文雖富可敬。」

陸雲士曰：「竹坡之言，是真公道說話。」

李若金曰：「富人之可鄙者在吝，或不好史書，或畏交遊，或趨炎附勢而輕忽寒士。若非然者，則富翁大有裨益人處，何可少之。」

209

能閒世人之所忙者，方能忙世人之所閒。

210 先讀經，後讀史，則論事不謬於聖賢；既讀史，復讀經，則觀書不徒為章句。

【評語】

黃交三曰：「宋儒語錄中不可多得之句。」

陸雲士曰：「先儒著書法累牘（ㄉㄨˊ）連章，不若心齋數言道盡。」

王宓草曰：「妄論經史者，還宜退而讀經。」

211 居城市中，當以畫幅當山水，以盆景當苑囿，以書籍當朋友。

【評語】

周星遠曰：「究是心齋偏重獨樂樂。」

王司直曰：「心齋先生置身於畫中矣。」

212 鄉居須得良朋始佳。若田夫樵子，僅能辨五穀而測晴雨；久且數，未免生厭矣。而友之中，又當以能詩為第一，能談次之，能畫次之，能歌又次之，解觴政者又次之。

【評語】

江含徵曰：「說鬼話者又次之。」

殷日戒曰：「奔走於富貴之門者，自應以善說鬼話為第一，而諸客次之。」

倪永清曰：「能詩者，必能說鬼話。」

陸雲士曰：「三說遞進，愈轉愈妙，滑稽之雄。」

213 玉蘭，花中之伯夷也（高而且潔）；葵，花中之伊尹❶也（傾心向日）；蓬，花中之柳下惠也（污泥不染）。鶴，鳥中之伯夷也（仙品）；雞，鳥中之伊尹也（司晨）；鶯，鳥中之柳下惠也（求友）。

【注釋】

❶伊尹：名摯，商初大臣。奴隸出身。後幫助湯滅夏桀。以天下為己任，被尊為阿衡（宰相）。湯死後，其孫太甲破壞其法制，伊尹把他放逐到桐宮。三年後，太甲悔過，「又接回復位」。一說伊尹篡位自立，放逐太甲。七年後太甲潛回，把他殺死。

214

無其罪而虛受惡名者，蠹（ㄉㄨˋ）魚也（蛀書之蟲另是一種，其形如蠶蛹而差小）；有其罪而恒逃清議者，蜘蛛也。

【評語】

張竹坡曰：「自是老吏斷獄。」

李若金曰：「予嘗有除蛛網說，則討之未嘗無人。」

215

臭腐化為神奇❶，醬也、腐乳也、金汁❷也。至神奇化為臭腐，則是物皆然。

【評語】

袁中江曰：「神奇不化臭腐者，黃金也、真詩文也。」

王司直曰：「曹操、王安石文字亦是神奇出於臭腐。」

【注釋】

❶「臭腐」句：見《莊子‧知北游》：「臭腐復化為神奇，神奇復化為臭腐。」

❷金汁：糞汁。

216

黑與白交，黑能污白，白不能掩黑；香與臭混，臭能勝香，香不能敵臭。此君子小人相攻之大勢也。

【評語】

弟木山曰：「人必喜白而惡黑，黜臭而取香，此又君子必勝小人之理也。理在，又烏論乎勢。」

石天外曰：「余嘗言，於黑處著一些白，人必驚心駭目，皆知黑處有白。於白處著一些黑，人亦必驚心駭目，以為白處有黑。甚矣，君子之易於形短，小人之易於見長。此不虞之譽、求全之毀所由來也。讀此慨然。」

倪永清曰：「當今以臭攻臭者不少。」

217

耻之一字，所以治君子；痛❶之一字，所以治小人。

【評語】

張竹坡曰：「若使君子以耻治小人，則有耻且格❷；小人以痛報君子，則盡忠報國。」

【注釋】

❶痛：指痛罰。

❷有耻且格：見《論語・為政》。

218

鏡不能自照，衡不能自權，劍不能自擊。

【評　語】

倪永清曰：「詩不能自傳，文不能自譽。」

龐天池曰：「美不能自見，惡不能自掩。」

219 古人云：詩必窮而後工❶。蓋窮則語多感慨，易於見長耳。若富貴中人，既不可憂貧歎賤，所談者不過風雲月露而已，詩安得佳？苟思所變，計惟有出遊一法。即以所見之山川風土、物產人情，或當瘡痍兵燹之餘，或值旱澇災祲之後，無一不可寓之詩中。借他人之窮愁，以供我之詠歎，則詩亦不必待窮而後工也。

【評　語】

張竹坡曰：「所以鄭監門《流民圖》❷獨步千古。」

倪永清曰：「得意之遊，不暇作詩；失意之遊，不能作詩。苟能以無意遊之，則眼光、識力定是不同。」

尤悔庵曰：「世之窮者多，而工詩者少，詩亦不任受過也。」

【注　釋】

❶詩必窮而後工：見宋代歐陽修《梅聖俞詩集序》：「非詩之能窮人，殆窮者而後工也。」

❷鄭監門《流民圖》：鄭監門，即鄭俠，字介夫。北宋福州福清人。監安上門，故稱。宋代熙寧六年，河東、河北、陝西大旱，大量饑民流亡京西。朝廷遣使賑濟，使者隱落其數，十不奏一，流民負老攜幼入京師者日有千人。時鄭俠監安上門，因繪《流民圖》獻宋神宗，並極言新政之失。神宗因罷青苗法。

附錄一

余懷・序

余窮經讀史之餘，好覽稗官小說；自唐以來，不下數百種。不但可以備考遺忘，亦可以增長意識。如遊名山大川者，必探斷崖絕壑；玩喬松古柏者，必采秀草幽花，使耳目一新，襟情怡宕。此非頭巾褦襶、章句腐儒之所知也。故余於詠詩撰文之暇，筆錄古軼事、今新聞，自少至老，雜著數十種。如：《說史》、《說詩》、《黨鑒》、《盈鑒》、《東山談苑》、《汗青餘語》、《硯林》、《不妄語述》、《茶史補》、《四蓮花齋雜錄》、《曼翁漫錄》、《禪林漫錄》、《讀史浮白集》、《古今書字辨訛》、《秋雪叢談》、《金陵野抄》之類。雖未雕板問世，而友人借抄，幾遍東南諸郡，直可傲子雲而睨君山矣。天都張仲子心齋，家積縹緗，胸羅星宿，筆花繚繞，墨沉淋漓。其所著述，與余旗鼓相當，爭奇鬥富，如孫伯符與太史子義相遇於神亭，又如石崇、王愷擊碎珊瑚時也。其《幽夢影》一書，尤多格言妙論，言人之所不能言，道人之所未經道。展味低徊，似餐帝漿沆瀣，聽鈞天廣樂，不知此身之在下方塵世矣。至如「律己宜帶秋氣，處世宜帶春氣」、「婢可以當奴，奴不可以當婢」、「無損於世，謂之善人；有害於世，謂之惡人」、「尋樂境乃學仙，避苦境乃學佛」，超超元箸，絕勝支許。清談人當鏤心銘腑，豈止佩韋書紳而已哉！鬘持老人余懷廣霞製。

孫致彌・序

心齋著書滿家，皆含經咀史，自出機杼，卓然可傳。是編是其一臠片羽，然三才之理、萬物之情、古今人事之變，皆在是矣。顧題之以夢且影云者：吾聞海外有國焉，夜長而晝短，以晝之所為為幻，以夢之所遇為真。又聞人有惡其影而欲逃之者。然則夢也者，乃其所以為覺；影也者，乃其所以為形也耶。庾辭讔語，言無罪而聞足戒，是則心齋所為盡心焉者也。讀是編也，其亦可以聞破夢之鐘而就陰以息影也夫。江東同學弟孫致彌題。

石龐・序

張心齋先生家自黃山，才奔陸海。楠榴賦就，錦月投懷；芍藥詞成，繁花作饌。蘇子瞻十三樓外，景物猶然；杜牧之廿四橋頭，流風仍在。靜能見性，洵哉人我不間，而喜嗔不形，弱僅勝衣，或者清虛日來，而滓穢日去。憐才惜玉，心是靈犀；繡腹錦胸，身同丹鳳。花間選句，盡來珠玉之音；月下題詞，已滿珊瑚之笥。豈如蘭臺作賦，僅別東西；漆園著書，徒分內外而已哉！然而繁文豔語，止才子餘能；而卓識奇思，誠詞人本色。若夫舒性情而為著述，緣閱歷以作篇章，清如梵室之鐘，令人猛省，嚮若尼山之鐸，別有深思，則《幽夢影》一書，余誠不能已於手舞足蹈、心曠神怡也。其云：益人謂善，害物謂惡。咸彷彿乎外王內聖之言。又謂律己宜秋，處世宜春。亦陶鎔乎誠意正心之旨。他如片花寸草，均有會心；遙水近山，不遺元想。息機物外，古人之糟粕不論；信手拈來，造化之精微入悟。湖山乘興，盡可投囊；風月維譚，兼供揮麈。金繩覺路，宏開入夢之毫；寶筏迷津，直度廣長之舌。以風流為道學，寓教化於詼諧。為色為空，知猶有這個在；如夢如影，且應作如是觀。湖上晦村學人石龐序。

張惣（ㄗㄨㄥˇ）・跋

昔人云：梅花之影，妙於梅花。竊意影子何能妙於花？惟花妙則影亦妙，枝幹扶疏，自爾天然生動。凡一切文字語言，總是才人影子，人妙則影自妙。此冊一行一句，非名言即韻語，皆從胸次體驗而出，故能發人警省。片玉碎金，俱可寶貴；幽人夢境，讀者勿作影響觀可矣。南村張惣識。

江之蘭・跋

抱異疾者多奇夢，夢所未到之境，夢所未見之事。以心為君主之官，邪干之，故如此。此則病也，非夢也。至若夢木撐天、夢河無水，則休咎應之；夢牛尾、夢蕉鹿，則得失應之。此則夢也，非病也。心齋之《幽夢影》非病也，非夢也，影也。影者，惟何石火之一敲、電光之一瞥也。東坡所謂「一掉頭時生老病，一彈指頃去來今」也。昔人云：「芥子具須彌。」心齋則於倏忽備古今也。此因其心閒、手閒，故弄墨如此之閒適也。心齋豈長於勘夢者也，然而未可向癡人說也。寓東淘江之蘭跋。

楊復吉・跋

昔人著書，間附評語。若以評語參錯書中，則《幽夢影》創格也。清言雋旨，前于後喁，令讀者如入真長座中，與諸客周旋，聆其謦欬，不禁色舞眉飛。洵翰墨中奇觀也。書名曰夢曰影，蓋取六如之義，饒廣長舌，散天女花，心燈意蕊，一印印空，可以悟矣。乙未夏日，震澤楊復吉識。

附錄二

王晫・題辭

《記》曰：和順積於中，英華發於外。凡人之言，皆英華之發於外者也，而無不本乎中之所積，適與其人尚焉。是故其人賢者其言雅，其人哲者其言快，其人高者其言爽，其人達者其言曠，其人奇者其言創，其人韻者其言多情而可思。張子所云：「對淵博友，如讀異書；對風雅友，如讀名人詩文；對謹飭友，如讀聖賢經傳；對滑稽友，如閱傳奇小說。」正此意也。彼在昔立言之人，至今傳者，豈徒傳其言哉，傳其人而已矣。今舉集中之言，有快若并州之剪，有爽若哀家之梨，有雅若鈞天之奏，有曠若空谷之音。創者則如新錦出機，多情則如游絲裊樹。以為賢人可也，以為哲人可也，以為達人、奇人可也，以為高人、韻人亦無不可也。譬之瀛州之木，日中視之，一葉百影。張子以一人而兼眾妙，其殆瀛木之影歟。然則日手此一編，不啻與張子晤對，罄彼我之懷。又奚俟夢中相尋以致迷，不知路中道而返哉。同學弟松溪王晫拜題。

附錄三

朱錫綬・《幽夢續影》

1 真嗜酒者氣雄，真嗜茶者神清，真嗜筍者骨臞（ㄧㄠˋ），真嗜菜根者志遠。

【評語】粟隱師云：「余擬贈嘯筠榼（ㄎㄜ）帖曰：『神清半為編茶錄，志遠真能嗜菜根。』」

2 鶴令人逸，馬令人俊，蘭令人幽，松令人古。

【評語】

華山詞客云：「蛩(ㄑㄩㄥˊ)令人愁，魚令人閒，梅令人癯(ㄑㄩˊ)，竹令人峭。」

3 善賈(ㄍㄨˇ)無市井氣，善文無迂腐氣。

【評語】

張石頑云：「善兵無豪邁氣。」

4 學導引是眼前地獄，得科第是當世輪迴。

【評語】

陸眉生云：「昵倡優是眼下惡道。」

5 求忠臣必於孝子。余為下一轉語云：求孝子必於情人。

【評語】

熊簑(ㄙㄨㄛ)舲(ㄌㄧㄥˊ)云：「情人又安所求之？」

王問萊云：「必也其在動心忍性中。」

6 造化，善殺風景者也。其尤甚者，使高僧迎顯宦，使循吏困下僚，使絕世之姝習弦索，使不羈之士累米鹽。

【評語】

補桐生云：「和尚四大皆空，雖迎顯宦，無有顯宦。」

7 日間多靜坐，則夜夢不驚；一月多靜坐，則文思便逸。

【評語】

黃鶴笙云：「甘苦自得。」

8 觀虹銷雨霽時，是何等氣象；觀風迴海立時，是何等聲勢。

【評語】

陸又珊云：「我師意殆謂改過宜勇，遷善宜速。」

9 貪人之前莫炫寶，才人之前莫炫文，險人之前莫炫識。

【評語】
悼秋云：「妒婦之前莫炫色。」
懺綺生云：「妄人之前莫炫才。」

10 文人富貴，起居便帶市井；富貴能詩，吐屬便帶寒酸。

【評語】
華山詞客云：「不顧俗眼驚。」
王寅叔云：「黃白是市井家物，風月是寒酸家物。」

11 花是美人後身。梅，貞女也；梨，才女也；菊，才女之善文章者也；水仙，善詩詞者也；荼蘼，善談禪者也；牡丹，大家中婦也；芍藥，名士之婦也；蓮，名士之女也；海棠，妖姬也；秋海棠，制於悍婦之艷妾也；抹麗，解事鄒鬟也；木夫容，中年詩婢也。惟蘭為絕代美人，生長名閥，耽於詞畫，寄心清曠，結想琴筑。然而閨中待字，不無遲暮之感。優此則絀彼，理有固然，無足怪者。

【評語】

眉影詞人云：「桂，富貴家才女也；蓼秋羅，名士之婢妾也。」

省緣師云：「普願天下勿栽秋海棠。」

12 能食淡飯者，方許嘗異味；能溷市囂者，方許遊名山；能受折磨者，方許處功名。

【評語】

鄭盦云：「然則夫子何以不豫色然？」

13 非真空，不宜談禪；非真曠，不宜談酒。

【評　語】

蓮衣云：「居士奈何自信真空。」

香祖主人云：「始知吾輩大半假托空曠。」

14　雨窗作畫，筆端便染煙雲；雪夜哦詩，紙上如灑冰霰。是謂善得天趣。

【評　語】

詩盋云：「君師盛蘭雪先生云：冰雪窖中人對語，更於何處著塵埃。冷況髣髴。」

15　凶年聞爆竹，愁眼見鐙花，客途得家書，病後友人邀聽彈琴，俱可破涕為笑。

【評　語】

沈石生云：「客中病後，凶年愁眼，奈何？」

16 觀門徑，可以知品；觀軒館，可以知學；觀位置，可以知經濟；觀花卉，可以知旨趣；觀楹帖，可以知吐屬；觀圖書，可以知胸次；觀童僕，可以知器宇。訪友不待親接言笑也。

【評 語】

香祖主人云：「此君隨地用心，吾甚畏之。」

17 余亦有三恨：一恨山僧多俗，二恨盛暑多蠅，三恨時文多套。

【評 語】

趙亨帚云：「第三恨，務請釋之。」

18 蝶使之俊，蜂使之雅，露使之艷，月使之溫，庭中花斡旋造化者也。使名士增情，使美人增態，使香爐茗碗增奇光，使圖畫書籍增活色，室中花附益造化者也。

【評　語】

星農云：「嘯筠之畫庭中花，嘯筠之詩室中花。」

19　無風雨，不知花之可惜。故風雨者，真惜花者也。無患難，不知才之可愛。故患難者，真愛才者也。風雨不能因惜花而止，患難不能因愛才而止。

【評　語】

仙洲云：「晴日則花之發泄太甚；富貴則才之剝削太甚。故花養於輕陰，才醇於微晦。」

20　琴不可不學，能平才士之驕矜；劍不可不學，能化書生之懦怯。

【評　語】

香輪詞客云：「中散善琴，去不得驕矜二字。」

畢雄伯云：「氣靜則驕矜自化，何必學琴；氣充則懦怯自除，何必學劍。」

21 美味以大嚼盡之，奇境以粗遊了之，深情以淺語傳之，良辰以酒食度之，富貴以驕奢處之，俱失造化本懷。

【評　語】

張企崖云：「黃白以慳(ㄑㄧㄢ)吝守之，翻似曲體造化。」

22 樓之收遠景者，宜遊觀，不宜居住；室之無重門者，便啓閉，不便儲藏。庭廣則爽，冬累於風；樹密則幽，夏累於蟬。水近可以滌暑，蚊集中宵；屋小可以禦寒，客窘炎午。君子觀居身無兩全，知處境無兩得。

【評語】

少郭云：「誠如君言，天下何者為安宅。」

23 憂時勿縱酒，怒時勿作札。

【評語】

粟隱師云：「非杜康，何以解憂。」

24 不靜坐，不知忙之耗神者速；不泛應，不知閒之養神者真。

【評語】

錢雲在曰：「不閱歷，不知《幽夢續影》之說理者精。」

25 筆蒼者學為古，筆雋者學為詞，筆麗者學為賦，筆肆者學為文。

【評　語】

簑舲云：「筆高渾者學為詩。」

26 讀古碑宜遲，遲則古藻徐呈；讀古畫宜速，速者古香頓溢；讀古詩宜先遲後速，古韻以抑而後揚；讀古文宜先速後遲，古氣以挹而愈永。

【評　語】

梅亭云：「若得摩詰輞川真本，肯使其古香頓溢乎？」

27 物隨息生，故數息可以致壽；物隨氣滅，故任氣可以致夭。欲長生，只在呼吸求之；欲長樂，只在和平求之。

【評　語】

澹然翁云：「信數息而不信導引，何耶？」

28 雪之妙在能積，雲之妙在不留，月之妙在有圓有缺。

【評語】

二如云：「月妙在缺，天下更無恨事。」

香輪云：「山之妙在峰迴路轉，水之妙在風起波生。」

29 為雪朱闌，為花粉牆，為鳥疏枝，為魚廣池，為素心開三徑。

【評語】

梅華翁云：「一二句畫理，三四句天機，第五句古人風。」

30 築園必因石，築樓必因樹，築榭必因池，築室必因花。

【評語】

春山云：「園亭之妙，一字盡之，曰借。即因之類耳。」

31 梅繞平臺，竹藏幽院，柳護朱樓，海棠依閣，木犀匝庭，牡丹對書齋，藤花蔽繡闥，繡球傍亭，緋桃照池，香草漫山，梧桐覆井，酴醾隱竹屏，秋色倚闌干，百合仰拳石，秋蘿亞曲階，芭蕉障文窗，薔薇窺疏簾，合歡俯錦幃，檉花媚紗槅。

【評語】

顥生云：「紅杏出牆，黃菊綴筣，紫藤掩橋，素蘭藏室，翠竹礙戶。」

32 花底填詞，香邊製曲，醉後作草，狂來放歌，是謂遺筆四稱。

【評語】

師白云：「月下舞劍，亦一絕也。」

怡雲云：「絕塞談兵，空江泛月，亦覺雄曠。」

33 談禪不是好佛，只以空我天懷；談元不是羨老，只以貞我內養。

【評語】稚蘭云：「談詩不是慕李杜，只以寫我性情。」

34 路之奇者，入不宜深，深則來蹤易失；山之奇者，入不宜淺，淺則異境不呈。

【評語】謦甫云：「知此方可陟(ㄓˋ)厲。」

35 木以動折，金以動缺，火以動焚，水以動溺，惟土宜動。然而思慮傷脾，燔(ㄈㄢˊ)炙(ㄓˋ)生冷，皆傷胃，則動中仍須靜耳。

【評　語】

粟隱云：「藏府精微，隔垣洞見。」

36 習靜覺日長，逐忙覺日短，讀書覺日可惜。

【評　語】

桐生云：「客途日長，歡場日短，侍親日可惜。」

37 少年處不得順境，老年處不得逆境，中年處不得閒境。

【評　語】

澗雨云：「中年閒境，最是無憀。」

38 素食則氣不濁，獨宿則神不濁，默坐則心不濁，讀書則口不濁。

【評語】

華潭云：「焚香則魂不濁，說士則齒不濁。」

39 空山瀑走，絕壑松鳴，是有琴意；危樓雁度，孤艇風來，是有笛意；幽澗花落，疏林鳥墜，是有筑意；晝簾波漾，平臺月橫，是有簫意；清溪絮撲，叢竹雪灑，是有箏意；芭蕉雨粗，蓮花漏續，是有鼓意；碧甌茶沸，綠沼魚行，是有阮意；玉蟲妥燭，金鶯坐枝，是有歌意。

【評語】

臥梅子云：「阮字，疑琶琶之誤。」

雪蕉云：「海棠倚風，粉篁(ㄏㄨㄤˊ)灑雨，是有舞意。」

40 琴醫心，花醫肝，香醫脾，石醫腎，泉醫肺，劍醫膽。

【評語】

蝶隱云：「琴味甘平，花辛溫，香辛平而燥，石苦寒，泉甘平微寒，劍辛烈有小毒。」

41 對酒不能歌，盲於口；登高不能賦，盲於筆；古碑不能橅（ㄇㄛˊ），盲於手；名山水不能遊，盲於足；奇才不能交，盲於胸；庸眾不能容，盲於腹；危詞不能受，盲於耳、心；香不能嗅，盲於鼻。

【評語】

伯寅云：「由此觀之，不盲者鮮矣。」

42 靜一分，慧一分；忙一分，憒（ㄎㄨㄟˋ）一分。

【評語】

憩雲居士曰：「靜中參動是大般若；忙裡偷閒是三菩提。」

43 至人無夢，下愚亦無夢，然而文王夢熊、鄭人夢鹿；聖人無淚，強悍亦無淚，然而孔子泣麟、項王泣騅。

【評　語】

梅生云：「漆園夢蝶，不過中材。」

44 感逝酸鼻，感恩酸心，感情酸手足。

【評　語】

無隱生曰：「有友患手足酸麻，醫不能立方。惜未以《幽夢續影》示之也。」

45 水仙以瑪瑙為根，翡翠為葉，白玉為花，琥珀為心；而又以西子為色，以合德為香，以飛燕為態，以宓妃為名。花中無第二品矣。

【評　語】

退省先生云：「莫清於水，莫靈於仙，此花可謂名稱其實。」

梅花翁云：「雖謂陳思一賦為此花寫照，猶恐唐突。」

46 小園玩景，各有所宜。風宜環松傑閣；雨宜俯澗軒窗；月宜臨水平臺；雪宜半山樓檻；花宜曲廊洞房；煙宜繞竹孤亭；初日宜峰頂飛樓；晚霞宜池邊小彴。雷者，天之盛怒，宜危坐佛龕；霧者，天之肅氣，宜屏居邃閨。

【評語】

雲在曰：「是十幅界畫畫。」

二如曰：「雷景鮮有能玩之者。」

47 富貴，作牢騷語，其人必有隱憂；貧賤，作意氣語，其人必有異能。

【評語】

梅亭云：「意氣最害事，貧賤時有之，即他日驕侈之根。」

48 高柳宜蟬，低花宜蝶，曲徑宜竹，淺灘宜蘆，此天與人之善順物理，而不忍顛倒之者也。勝境屬僧，奇境屬商，別院屬美人，窮途屬名士，此天與人之善逆物理，而必欲顛倒之者也。

【評語】

懺綺生云：「庭樹宜月。」

蝶緣云：「非顛倒，則造化不奇。」

49 名山鎮俗，止水滌妄，僧舍避煩，蓮花證趣。

【評語】

蓮衣云：「坐蓮舫中，遂使四美具。」

少郭云：「余每過蓮舫，見其與蓋闐塞，未知能避煩否也。」

稚蘭云：「為下一轉語曰：老僧於此避煩。」

50 星象要按星實測，拘不得成圖；河道要按河實浚，拘不得成說；民情要按民實求，拘不得成法；藥性要按藥實咀，拘不得成方。

【評語】

退省子云：「隱然賅天地人物。」

51 奇山大水，笑之境也；霜晨月夕，笑之時也；濁酒清琴，笑之資也；閒僧俠客，笑之侶也；抑鬱磊落，笑之胸也；長歌中令，笑之宣也；鶻叫猿啼，笑之和也；椶鞋桐帽，笑之人也。

【評語】

玉詮生云：「可作一則笑譜讀。」

52 醫花十劑：壅以補之，水以潤之，露以和之，摘以宣之，火以泄之，日以澀之，甫以滑之，風以燥之，祛蠹以養之，紗籠紙帳以護之。

【評　語】

梅花翁云：「瓶供釵簪，非惜花者也。」

小清閟閣主人云：「石以鎮之，香以表之。」

53 耀字不能盡梅，淡字不能盡梨，韻字不能盡水仙，艷字不能盡海棠。

【評　語】

退省云：「幽字不能盡蘭，逸字不能盡菊。」

蘭舟云：「曩於武原陳氏園池，見退紅蓮花數莖，實兼耀、淡、韻、艷、幽、逸六字之勝。」

54 櫻桃以紅勝，金柑以黃勝，梅子以翠勝，葡萄以紫勝，此果之艷於花者也。銀杏之黃，烏桕之紅，古柏之蒼，筤竿之綠，此葉之艷於花者也。

【評　語】

亨帚生云：「果之妙，至荔枝而極；枝之妙，至楊柳而極；葉之妙，至貝多而極；花之妙，至蘭蕙而極。枝葉並妙者，莫如松柏；花葉並妙者，莫如水仙；花果並妙者，莫如梅花；葉莖果無一不妙者，莫如蓮。」

55 脂粉長醜，錦繡長俗，金珠長悍。

【評　語】

香祖云：「與富而醜，寧貧而美；與美而俗，寧醜而才；與才而悍，寧俗而淑。」

56 雨生綠萌，風生綠情，露生綠精。

【評　語】

省緣云：「煙生綠魂，月生綠神。」

竹儂云：「香生綠心。」

57 村樹宜詩，山樹宜畫，園樹宜詞。

【評語】雲在曰：「密樹宜風，古樹宜雪，遠樹宜雲。」

58 摶（ㄊㄨㄢˊ）土成金，無不滿之欲；畫筆成人，無不償之願；縮地成勝，無不擴之胸；感香成夢，無不證之因。

【評語】冶水云：「煉香為心，無不艷之筆。」

59 鳥宣情聲，花寫情態，香傳情韻，山水開情窟，天地闢情源。

【評語】月舟云：「雨濯（ㄓㄨㄛˊ）情苗，月生情蒂。」

蘿月主人云：「鐙（ㄉㄥ）證情禪。」

懺綺生云：「詩孕情因，畫契情緣，琴圓情趣。」

60

將營精舍先種梅；將起畫樓先種柳。

【評　語】

箬溪云：「將架曲廊先種竹；將闢水窗先種蓮。」

61

詞章滿壁，所嗜不同；花卉滿圃，所指不同；粉黛滿座，所視不同。

【評　語】

蓮生云：「江湖滿地，所寄不同。」

62

愛則知可憎，憎則知可憐。

【評　語】

紫蕙云：「憐則知可節取。」

63 云何出塵，閉戶是；云何享福，讀書是。

【評語】

澧蓀云：「閉戶讀書，塵中無此福也。」

64 厚施與，即是備急難；儉婚嫁，自然無怨曠；教節省，勝於裕留貽。

【評語】

印青居士云：「施與也要觀人，婚嫁也要稱家。」

65 利字從禾，利莫甚於禾；勸勤耕也從刀，害莫甚於刀，戒貪得也。

【評語】

春山云：「酒從水，言易溺也；從酉，酉屬金，亦是兵象。」

66 乍得勿與，乍失勿取，乍怒勿責，乍喜勿諾。

【評　語】

戒定生云：「乍責勿任，乍諾勿疑。」

67 素深沉，一事坦率便能貽誤；素和平，一事憤激便足取禍。故接人不可以猝然改容，持己不可以偶爾改度。

【評　語】

無礙云：「深沉人要光明，和平人要嚴肅。」

68 有深謀者不輕言，有奇勇者不輕鬥，有遠志者不輕干進。

【評　語】

心白云：「有俠腸者不輕施報。」

69 孤潔以駭俗，不如和平以諧俗；嘯傲以玩世，不如恭敬以陶世；高峻以拒物，不如寬厚以容物。

【評語】

心逸云：「能和平，方許孤潔；能恭敬，方許嘯傲；能寬厚，方許高峻。」

70 冬室密宜焚香，夏室敞宜垂簾。焚香宜供梅，垂簾宜供蘭。

【評語】

證淚生云：「焚香供梅，宜讀陶詩；垂簾供蘭，宜讀楚些。」

71 樓無重簷則蓄鸚武，池無雜影則蓄鷺鷥。園有山，始蓄鹿；水有藻，始蓄魚。蓄鶴則臨沼圍闌，蓄燕則沿梁承板，蓄狸奴則墩必裝褥，蓄玉猧則戶必垂花。微波菡萏，多蓄彩鴛；淺渚菰蒲，多蓄文蛤。蓄雉則鏡懸不障，蓄兔則草長不除。得美人，始蓄畫眉；得俠客，始蓄駿馬。

【評 語】

梅耀云：「有曲廊洞房、藥爐茶臼，始蓄麗姝；有名花美酒、象板風笙，始蓄歌伎。」

72 任氣語，少一句；任足路，讓一步；任筆文，檢一番。

【評 語】

問漁云：「少一句，氣恬；讓一步，路寬；檢一番，文完。」

73 以任怨為報德則真切，以罪己為勸人則沉痛。

【評 語】

華山詞客云：「任怨忌有德色，罪己不作勸詞。」

74 偏是市儈喜通文，偏是俗吏喜勒碑，偏是惡嫗喜誦佛，偏是書生喜談兵。

【評語】

信甫云：「偏是枯僧喜見女色。」

子鏡云：「偏是貧士喜揮霍。」

75 真好色者必不淫，真愛色者必不濫。

【評語】

仲魚云：「拈花以微笑而止，飲酒以微醺而止。」

76 俠士勿輕結，美人勿輕盟，恐其輕為我死也。

【評語】

心白云：「猛將勿輕謁，豪貴勿輕依，恐其輕任我以死也。」

77 寧受嘑（ㄏㄨ）蹴（ㄘㄨˋ）之惠，勿受敬禮之恩。

【評語】問漁云：「嘑蹴不報而亦安，敬禮雖報而猶歉。」

78 貧賤時少一攀援，他日少一掣肘；患難時少一請乞，他日少一疚心。

【評語】仙洲云：「富貴時少一威福，他日少一後悔。」

79 舞弊之人能防弊，謀利之人能興利。

【評語】沈箬溪云：「利無小弊，雖興不廣；弊有小利，雖除不盡。」

80 善詐者借我疑，善欺者借我察。

【評語】

安航云：「故疑召詐，察召欺。」

81 過施弗謝，自反必太倨；過求勿怒，自反必太卑。

【評語】

梁叔云：「自反非倨，彼其人必係畸士；自反非卑，彼其人必為重臣。」

82 英雄割愛，奸雄割恩。

【評語】

蘭舟云：「愛根不斷，終為兒女累。」

83 天地自然之利，私之則爭；天地自然之害，治之無益。

【評語】

箬溪釣師云：「因所欲而與之，其利溥矣；若其性而導之，其功偉矣。」

84 漢魏詩象春，唐詩象夏，宋元詩象秋，有明詩象冬。包含四時，生化萬物，其國初諸老之詩乎？

【評　語】

蕙儂云：「六朝詩象殘春，晚唐詩象殘暑。」

85 鬼谷子方可游説，莊子方可詼諧，屈子方可牢愁，董子方可議論。

【評　語】

玉詮云：「留侯方可持籌，淮陰方可推轂。」

無礙云：「老子是兵家之祖，鬼谷是法家之祖，莊子是詞章家之祖。」

86 唐人之詩多類名花。少陵似春蘭，幽芳獨秀；摩詰似秋菊，冷艷獨高；青蓮似綠萼梅，仙風駘蕩；玉谿似紅萼梅，綺思嫣娟；韋柳似海紅，古媚在骨；沈宋似紫薇，矜貴有情；昌黎似丹桂，天葩灑落；香山似芙蕖，慧相清奇；冬郎似鐵梗垂絲；閬仙似檀心磬口；長吉似優鉢曇，彩雲擁護；飛卿似曼陀羅，璚月玲瓏。

【評　語】
嘯琴云：「微之似水外緋桃；牧之似雨中紅杏。」

《全書終》

國家圖書館出版品預行編目資料

幽夢影／張潮撰著 -- 初版, --新北市：
新視野New Vision, 2022.9
面；　公分 . --
ISBN 978-626-95822-5-9（平裝）

072.7　　111009694

幽夢影

張潮　撰著

出　　版　新視野 New Vision
製　　作　新潮社文化事業有限公司
製 作 人　林郁
電話：(02) 8666-5711
傳真：(02) 8666-5833
E-mail：service@xcsbook.com.tw
印前作業　東豪印刷事業有限公司
印刷作業　福霖印刷有限公司

總 經 銷　聯合發行股份有限公司
新北市新店區寶橋路 235 巷 6 弄 6 號 2F
電話：(02) 2917-8022
傳真：(02) 2915-6275

初　　版　2022 年 9 月